大都會文化
METROPOLITAN CULTURE

大都會文化
METROPOLITAN CULTURE

大都會文化
METROPOLITAN CULTURE

大都會文化
METROPOLITAN CULTURE

改變別人不如掌控自己

Instead of Changing Others Change Yourself

孫大為◎著

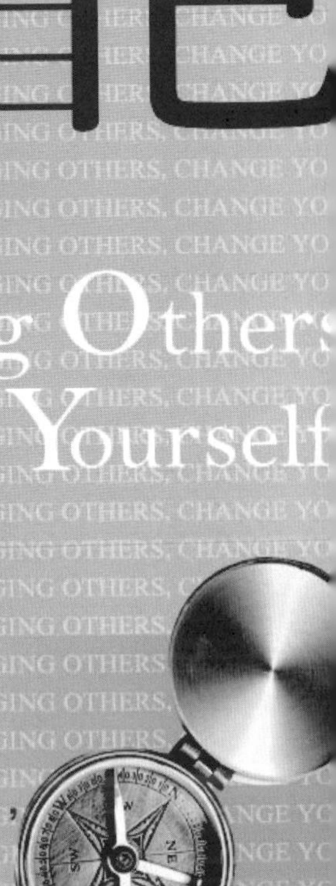

人生苦短，
你不能等待改變別人來符合你的期望，
掌控自己意謂著有能力選擇自己想要過的生活，
當你有能力去選擇並能規劃自己的人生，
幸福也就掌握在自己的手裡！

【前言】

剛柔並濟，轉換思維

今天的社會，是一個充滿了競爭的社會。競爭無處不在，殘酷激烈。面對競爭，我們要有足夠的堅強來接受失敗的打擊和考驗。但有些打擊和失敗不是來自於對手，而往往是我們舊有的思維、自以為是的經驗在作祟，這時，我們如果變換一下思維，運用大腦發揮我們的智慧，就容易取得最佳效果。

變換思維的角度，是解決問題的一種有效策略。在解決實際問題的過程中，當運用常規的思路陷入困境時，如果能及時地變換思維的角度，往往能產生意想不到的效果。要懂得用道理去征服別人，而不是用力量來壓制他人屈服。以謙虛、理性的態度來表達自己的意見，不但容易被他人接受，還能減少了一些衝突。

主動是一種精神，反映在人的思維、行動以及整體的氣質風貌上。主動，就能廣開人的思維，更大限度地促進人的潛能開發。這個世界很公平，你缺什麼，生活就給你考驗與機會，讓你重修學分，只要你積極主動地思考或行動，你總會在跌跌撞撞中找到一條完善自我、通向成功的路。

愈是積極主動，就愈能掌握人生方向，有效管理人生。能夠不斷砥礪自己的人，方懂得如何了解別人，尋求圓滿的解決之道。同理，一個人愈主動，愈獨立，就愈善於與人相處。一個人對自己應該有個客觀的評價，實事求是，不貶低自己，也不抬高自己，既能堅持正確的觀點，又能虛心向別人請教。例如向上司進言時，不是直陳自己的觀點，應該謙虛地說：「還有不少問題，請多加指教。」有時這會是決定你成功和失敗的關鍵。

在人生的旅途中，你是你自己唯一的司機，千萬不要讓別人駕駛你的生命之車。你要穩穩地坐在司機的位置上，決定自己何時要停、要倒車、要轉彎、要加速、要剎車等等。人生的旅途十分短暫，你應該珍惜自己所擁有的選擇和決策的權利，雖然可以參考別人的意見，但千萬不要隨波逐流。一件事情的成敗，關鍵取決於你有沒有變換思考的能力。發揮自己的智慧，往往就能打開局面，取得成功。

前言 007
1 賦予工作真實意義 011
2 帶著信心向前出發 033
3 凡事主動積極正向 059
4 確立價值把握方向 087
5 群體生活需要溝通 119
6 尊重自己尊重他人 143
7 通權達變以退為進 169
8 激發潛能超越自我 201
9 創造團隊共同願景 231

改變別人不如掌控自己

Instead of Changing Others, Change Yourself

第 1 篇

賦予工作真實意義

Instead of Changing Others, Change Yourself

不要盲目跟從他人

盲目跟從是指人沒有主見地隨著風潮，這種現象往往源於我們的不自信。如果長期盲目地跟他人，就會使自己缺乏獨立的思想，做什麼事情就想跟著別人，人家怎麼做自己就怎麼做。

崇拜和向別人求助，容易讓人盲從，失去自己的判斷，我們往往輕信所謂的專家而不信任自己。在日常生活中，有人好不容易建立起來的信心和計畫，只要專家一句話，就給輕而易舉地否定掉了。

法國科學家法布爾（Jean-Henri-Fabre）曾做過一個著名的「毛毛蟲試驗」。

這種毛毛蟲有一種「跟隨者」的習性，總是盲目地跟著前面的毛毛蟲走。法布爾把若干隻毛毛蟲放在一隻花盆的邊緣上，使它們首尾相接，圍成一圈。這些毛毛蟲開始前進了，像一個長長的遊行隊伍，沒有頭，沒有尾。法布爾在毛毛蟲周圍不到六英吋的地方，撒上了毛毛蟲喜歡吃的松葉。但這些毛毛蟲要想吃上這些松葉就要解散隊伍，不需一條接一條地前進。

一個小時過去了，一天過去了，毛毛蟲還是不停地、堅韌地團團轉。一連走了七天七夜，它們終因饑餓和筋疲力盡而死去。這其中，只要有任何一隻毛毛蟲稍稍與眾不同，就會吃上松葉而不致餓死。

然而，有些人不喜歡像毛毛蟲這樣盲目跟從、跟隨風潮、瞎忙空耗終其一生的人。下面故事中的陸小姐和王先生就是如此。

陸小姐從大學畢業在一家私人企業做會計已經三年了，工作內容始終沒什麼變化。平時雖然空閒，但光是算帳，整理資料、檔案，在旁人看來是枯燥乏味的。可是，陸小姐卻從未跳過槽，是什麼原因讓她在這家公司做了那麼久，是因為待遇特別的豐厚，還是另有原因？

原來，她看中的是這家私人企業的穩定度，而且，這份不算太忙的會計工作讓她有了足夠充分的時間兼顧自己的花店。

一年多以前，陸小姐在自己的公司也曾經有一次升職的機會。但是，一旦升職後她就面臨著繁重的工作壓力將無暇顧及花店。當時，舉棋不定的她來到生涯規畫諮詢機構做職業諮詢，詢問專家自己究竟該如何取捨。根據專家分析提供的數據和資料，陸小姐最後選擇了依然留在原來的崗位，並且繼續做好自己的花店。

如今，陸小姐工作的公司每年都有周年慶或其他活動，而且和其他的公司都有業務合作，陸小姐正好利用自己所開的花店來供應鮮花，這樣既能替公司解決了問題，也能夠為自己增添收入。

王先生是一個戶外運動愛好者，熱愛旅遊及戶外探險，曾踏走過許多名勝，越過許多高峰，探險過無數大小森林，是經驗豐富的「背包客」。

幾年前，王先生是一家外商公司的職員，領著優渥的薪水，生活過得也富裕。在公司工作的時候，王先生趁著工作空閒之餘，就開始做起了副業——網路作家。由於生性比較愛玩，出遊的經歷也比較多，因此當年為某報社撰寫旅遊專欄，雖然稿費不多，但興趣在此，他也樂在其中。

在生涯規畫專家的幫助下，王先生經過多次全方面對自己本身和專案進行了調查和分析，最後決定辭職，做自己喜歡的事，開一間戶外旅遊俱樂部。俱樂部的性質是當下最流行的戶外用品店，既可以賣戶外用品，也是熱愛戶外旅遊運動的「背包客」們的聚集地。俱樂部的成員都是各個網站上熱愛戶外旅遊運動的愛好者們，一群人因為有相同的興趣很容易打成一片。王先生的店也因為這些「背包客」的鼎力支持而做得有聲有色。

凡事思考則明，混沌則暗。如果你想做好某一件事情，就得有自己的打算，根據自己的想法去做，而不能一味地跟從別人，渾然度日，這是愚蠢人的做法；審慎思索，反覆論證，理智地生活，這是聰明人的做法。沒有頭腦的人，只會盲目跟從，當然也就無法取得成功。

當你置身投入盲從的激流之中時，便容易喪失了你的自我個性，迷失了真我，淪為被盲從激流所駕馭的提線木偶。

從腳踏實地做起

千里之行，始於足下。很多大事業的成功都是從一點點小的事情做起的。在生活中，很多人失敗就在於他們心中總是抱有很美的幻想、遠大的目標，而對於眼前的工作卻看得很隨便，不努力去做，結果導致了失敗。

不管做什麼事，都需要腳踏實地。即使是做人，也不能不腳踏實地。腳踏實地，就是能夠實事求是地認識自己，實實在在地做人做事。勇敢者鍾愛的事業——創業，當然也離不開腳踏實地。

弗雷德（Fred）是一個普通的郵差，他負責為社區的住戶收送郵件。他聽說社區內有一位職業演說家，叫桑布恩（Mark Sanborn）先生，這位桑先生一年有一百六十至兩百天在外出差，於是他向桑先生索要一份全年行程表。桑先生覺得很奇怪，問：「您有什麼用？」他回答說：「以便您不在家時，我暫時代為保管您的信件，等您回來再送過來。」

這讓桑布恩很吃驚！因為他從未碰到過這樣的郵差。桑先生回答道：「沒必要這麼麻煩，把信放進郵箱就好了，我回來再取也是一樣的。」

弗雷德解釋說：「竊賊經常會窺探住戶的郵箱，如果發現是滿的，就表明主人不在家，那住戶就可能要身受其害了。」弗雷德想了想，接著說：「這樣吧，只要郵箱的蓋子還能蓋上，我就把信放到裡面。塞不進郵箱的郵件，則擱在房門和柵門之間。如果那裡也放滿了，我把其他的信留著，等您回來。」

弗雷德的建議無可挑剔，桑先生欣然同意了。

兩周後，桑先生出差回來，發現門口的擦鞋墊跑到門廊的角落裡，下面還遮著個什麼東西。

事情原來是這樣的——在桑先生出差期間，美國聯合快遞公司把他的包裹投到別人家了。

弗雷德看到桑先生的包裹送錯了地方，就把它撿起來，送回桑先生的住處藏好，還在上面留了張紙條，解釋事情的來龍去脈，並費心地用擦鞋墊把它遮住，以避人耳目。

其實，不同的郵政公司之間競爭市場大小，比的就是服務，而因為有一批弗雷德式的職業化員工，他們所提供的人性化服務，創造了無形價值，使美國聯合快遞公司在眾多競爭對手中脫穎而出！

一九六五年，一個讀四年級的小學生到西雅圖的學校圖書館幫忙，管理員讓他把已歸還給圖書館卻放錯了地方的書放回原處。小學生問：「像是當偵探嗎？」管理員說：「那當然。」小學生就不遺餘力地做了起來。第一天，他找出三本放錯地方的書。第二天，他來得更早，而且做得更賣力，找出更多的放錯地方的書。過了兩個星期，小學生的父母要搬家了，小學生擔心地說：「我走了，誰來整理那些排錯隊伍的書呢？」沒過多久，小學生又來了，他高興地告訴管理員，那邊的圖書館不讓學生做這個工作，媽媽又把他轉回到這邊的學校上學了，每天由他爸爸用車接送。如果爸爸不送他，他就自己走路過來。

圖書館的管理員沒有想到這個小學生如此敬業。他更沒有想到的是，這個小學生後來成為資訊時代的天才——微軟電腦公司的總裁，他就是比爾・蓋茲（Bill Gates）。

我們每一個人都應該清楚：最終的目標絕不是轉眼之間就可以達到的，在未付出辛勞艱苦和屈就的代價之前，空望著遙遠的目標著急是沒有用的。唯有從基本做起，按部就班地朝著目標進行，才會慢慢地接近它、達到它。

想要成為一個成功人士，就需要一步一腳印，腳踏實地，從最基礎的事情做起，為自己的發展打下堅實的基礎，就像建造房子一樣，只有把基礎扎實了，發展才會迅速，大樓才會蓋得既牢固又高大。

想做就馬上行動

行動力是一個人走向成功的階梯，所有的成功都來自行動力，只有行動才能改變自己。一個人光有遠大的理想是不夠的，還要付諸行動，否則理想就是空想。在理想的實現上，一旦鎖定目標，就馬上行動起來，不斷努力，不達目標誓不罷休。

現代世界瞬息萬變，對於想要等到所有條件都完美無缺才採取行動的人而言，這個世界是不會停下來等待他們的。這個世界青睞的是善思而力行的人。也就是說，面臨眾多的不確定性，一想到馬上去行動的人，才更能適應這個社會。

斯通在擔任國際銷售執行委員會的七個執行委員之一時，曾作為該會的代表走訪了亞洲和太平洋地區。在一個星期二，斯通給澳洲東南部墨爾本市的一些商業工作人員做了一次鼓勵性的談話。到下星期四的晚上，斯通接到一個電話，是一家出售金屬櫃公司的經理意斯特打來的。

意斯特很激動地說：「發生了一件令人吃驚的事！你會和我現在一樣感到振奮的！」

「把這件事告訴我吧！發生了什麼事？」

「真是驚人！你在上星期二的談話中推薦了十本勵志好書，我買了《思考致富》（Think and Grow Rich），在當天晚上就讀了幾個小時。第二天早晨我又繼續讀它，於是我在一張紙上寫道：『我確定的主要目標是使今年的銷售業績漲一倍。』令人吃驚的是，我竟在四十八小時之內達到了這個目標。」

「你是怎樣達到這個目標的？」斯通問意斯特，「你怎樣使你的銷售業績漲一倍的呢？」意斯特笑道：「你在談話中講到，你的推銷員亞蘭在同一個街區兜售保險單失敗而又成功的故事。我記得你說過：『有些人可能認為這是做不到的，但是亞蘭做到了。』我相信你的話。我也做了準備。」

「我記住了你給我們的自我激發警句：『想到就做！』我就去看我的卡片記錄，分析了十筆死帳。我準備提前兌現這些帳，這在先前可能是一件相當棘手的事。我重覆了『想到就做！』這句話很多次，並用積極的心態去拜訪這十個客戶，結果做了筆大買賣。發揚積極心態的力量，所做出的事是很驚人的，真正的驚人！」

我們的目的與這個成功的故事有關，你可能並沒有把這個原則應用到你自己的經歷中。意斯特做到了這一點，所以你也能做到：你能應用本書中所讀到的每個故事中的原則，然而，現在我們要你學會「想到就做！」

來自以色列和美國的兩個年輕人一同搭船到異國闖天下，他們下了船後，看著海上的豪華遊艇從面前緩緩而過，兩人都非常羨慕。以色列人對美國人說：「如果有一天我也能擁有這麼一艘船，那該有多好！」美國人也點頭表示同意。

吃午飯的時間到了，他們都覺得肚子有些餓了，兩人四處看了看，發現有一個快餐車旁圍了很多人，生意似乎不錯。以色列人就對美國人說：「我們不如也來做速食的生意吧！」美國人說：「嗯！這主意似乎是不錯。可是你看旁邊的咖啡廳生意也很好，不如再看看吧！」兩人沒有統一意見，於是就此各奔東西了。

握手言別後，以色列人馬上選擇一個不錯的地點，把所有的錢投資做速食。他不斷努力，經過八年的用心，已經擁有了很多家速食連鎖店，累積了一大筆錢財，他為自己買了一艘遊艇，實現了他自己的願望。

這一天，以色列人駕著遊艇出去遊玩，發現了一個衣衫襤褸的男子從遠處走了過來，那人就是當年與他一起去闖天下的美國人馬克。他興奮地問馬克：「這八年你都在做些什麼？」馬克回答說：「八年間，我每時每刻都在想：我到底該做什麼呢！」

從小的事情開始，立即去做！養成習慣，機會出現時，你就能立即行動。馬上行動可以應用於人生的每一個階段，幫助你做自己應該做卻沒做到的事情。對工作不再拖延，抓住稍縱即逝的寶貴機會，實現夢想。

喬根‧裘大是哥本哈根大學的一名學生，有一次他到美國旅遊，先到華盛頓，下榻在威勒飯店，住宿費已經預付。他的上衣口袋裡放著到芝加哥的機票，褲子口袋的皮包裡放著護照和現金。到了晚上當他回飯店準備就寢時，才發現皮包不翼而飛，他立刻下樓告訴了飯店的經理。

「我們會盡力尋找。」經理說。

但第二天早上，皮包仍然不見蹤影。他隻身在異鄉，手足無措。他想著，是要打電話向芝加哥的朋友求援？還是到丹麥大使館補辦遺失護照？亦或苦坐在警察局等待消息？他腦子裡閃過一個又一個念頭。

突然，他告訴自己：「我要看看華盛頓，我可能沒有機會再來，今天非常寶貴。畢竟，我還有今天晚上到芝加哥的機票，還有很多時間處理錢和護照的問題。如果我現在不暢遊華盛頓，將來就沒有機會了。我可以散步，現在是享受的時刻，不要把時間浪費在丟掉皮包的不愉快。」

於是他開始徒步旅遊，爬上華盛頓紀念碑，參觀白宮和博物館。雖然許多想看的地方他沒有看到，但所到之處，他都盡情暢遊一番。

回到丹麥以後，美國之行最令他難忘的就是徒步暢遊華盛頓，因為他知道把握現在最重要。五天之後，華盛頓警察局找到了他的皮包和護照，寄還給了他。

因此，立即行動，就可以實現你的夢想。

機會總是在那些早就為成功做好準備的人身上。因為，當機會來時，他知道「馬上行動」，而那些只知等待的人，卻總是任由機會一次又一次從身邊溜走。

在逆境之中崛起

大約在兩個半世紀以前，在法國里昂的一個盛大宴會上，來賓們就一幅畫到底是表現了古希臘神話中的某些場景，還是描繪了古希臘真實的歷史畫面，展開了激烈的爭論。看到來賓們一個個面紅耳赤，吵的不可開交，氣氛愈來愈緊張，主人靈機一動，轉身請旁邊的一個服務生來解釋一下畫面的意境。

這位地位卑微的服務生，根本就沒有發言的權利，來賓們對主人的建議感到不可思議。但結果卻大大出乎人們的意料，這位服務生的解釋令所有在座的客人都大為震驚，因為他對整個畫面所表現的主題做了非常細緻入微地描述。他的思路非常清晰，理解非常深刻，而且觀點幾乎無可辯駁。因而，這位服務生的解釋立刻就解決了爭端，所有在場的人無不心悅誠服。

大家對服務生一下子產生了興趣。

「請問您是在哪所學校接受教育的，先生？」在座的一位客人帶著極其尊敬的口吻詢問這位侍者。

「我在許多學校接受過教育，閣下，」年輕的服務生回答說，「但是，我在其中學習時間最長，並且學到東西最多的那所學校叫做『逆境』。」

這個服務生的名字叫做讓・雅克・盧梭（Jean-Jacques Rousseau）。他的一生確實都是在逆境中度過的。早年貧寒交迫的生活，使得盧梭有機會成為一個對整個社會的方面有著深刻認識的人，儘管他那時只是一個地位卑微的服務生。然而，他卻是那個時代整個法國最偉大的天才，他的思想甚至對今天的生活仍有著重要的影響。盧梭的名字，和他那閃爍人類智慧火花的著作，就像暗夜裡的閃電一樣照亮了整個歐洲。

真正傑出的人物，總是能突破逆境，崛起於寒微。艱難的環境既能毀滅人，也能造就人；不過，它毀滅的是庸才，而造就的往往是偉人！

正直是無畏的象徵

沒有誰能迫使你按高標準要求自己，也沒有誰能勉強你服從自己的良知。正直意味著有勇氣並堅持自己的信念；正直意味著自覺自願地服從，從某種意義上說，就是無私、正義、善良、果敢與堅毅。

英國〈泰晤士報〉的總編西蒙・福格，每年五、六月份，都要接到一堆大學的邀請函，邀請他去做擇業就業方面的演講，因為他曾在找工作方面創造過神話。

那是福格剛從伯明罕大學畢業的第二天，他為了找工作南下倫敦，當他走進〈泰晤士報〉總經理辦公室，他問：「你們需要編輯嗎？」

「不需要。」

「記者呢？那麼排字工、校對員？」

「不，都不需要。我們現在什麼空缺都沒有。」

「那麼，你們一定需要這個了。」福格從背包裡掏出一塊精緻的牌子，上面寫著：「額滿，暫不雇用。」

結果，福格被錄用了，做報社的宣傳工作。二十五年後，他已升至總編的位子。

這一美談見報後，福格就成了各大學的座上賓，每年在學生畢業前給學生們做擇業方面的演講。但每次演講，他總是避而不談他的求職經歷。他講得最多的是一位護士的故事。

這位護士剛從學校畢業，在一家醫院做實習生。實習期為一個月，在這一個月內，如果能讓院方滿意，她就可以正式獲得這份工作，否則，就得離開。

一天，救護車送來一位因車禍而生命垂危的人，實習護士被安排做外科手術專家——該院院長亨利教授的助手。複雜艱苦的手術從清晨進行到黃昏，眼看患者的傷口即將縫合，這位實習護士突然嚴肅地盯著院長說：「亨利教授，我們用的是十二塊紗布，可是你只取出了十一塊。」

「我已經全部取出來了，一切順利，立即縫合。」院長頭也不抬，不屑一顧地回答。「不，不行。」這位實習護士高聲抗議說：「我記得清清楚楚，手術中我們用了十二塊紗布。」院長沒有理睬她，命令她：「聽我的，準備縫合。」這位實習護士毫不示弱，她幾乎大聲叫起來：「你是醫生，你不能這樣做。」

直到這時，院長冷漠的臉上才露出欣慰的笑容。他舉起左手裡握的第十二塊紗布，向所有的人宣布：「她是我最合格的助手。」

這位實習護士後來理所當然地正式獲得了這份工作。

福格真是聰明而又用心良苦，他之所以不講自己的經歷，而說那位實習護士，是因為他非常明白，在尋找工作方面，僅有敏銳的頭腦是不夠的，更重要的是還要有正直的品性。小到一個單位，大到一個國家，它們真正需要的往往是後者。

正直的人不會心口不一，正是由於沒有言行的矛盾，才給人額外的精力和清晰的頭腦，使人獲得成功。

用頑強的意志戰勝苦難

富蘭克林·羅斯福（Franklin Delano Roosevelt）於哈佛大學畢業後不久，便正式開始了政治生涯。他先是在一九〇九年參加紐約州參議員競選獲勝；繼而在一九一二年積極為威爾遜獲得民主黨總統候選人的提名和為威爾遜競選總統出力奔走。威爾遜當選為總統後，羅斯福被任命為海軍助理部長。一九一四年七月，第一次世界大戰爆發，羅斯福請假三周與民主黨黨閥支持的詹姆斯·吉羅德競爭聯邦參議員職位，結果黨內提名遭到失敗。一九一七年，美國對德宣戰，宣布站在協約國一方參加第一次世界大戰。

為了增加實戰經驗，作為海軍助理部長的羅斯福在一九一八年赴歐洲戰場考察，目睹戰爭給人民造成的生命和財產的損失，留下了終生難忘的印象。一九二〇年，在總統選舉中，他被任命為民主黨副總統候選人，結果被共和黨候選人柯立芝擊敗；同年，回到紐約重操律師舊業，暫時退出政壇，積蓄力量，準備東山再起。

正在這時，一場意外的大災難降臨到在羅斯福的頭上。一九二一年八月十日，他在他的海濱別墅撲滅了一個小島上的一場林火後，汗流浹背地跳入海灣游泳時，卻不幸患上了小兒痲痺症（或稱脊髓灰質炎）。一場嚴峻的考驗擺在了三十九歲的羅斯福面前，這比生死的考驗更為殘酷，也更叫人難以忍受。

一開始，羅斯福還竭力讓自己相信病能夠好轉，但實際情況卻在不斷惡化。他的兩條腿完全不能用了，癱瘓的症狀在向上身蔓延。他的脖子僵直，雙臂也失去了知覺。最後膀胱也暫時失去了控制。每天導尿數次，每次都痛苦異常。他的背和腿疼痛難忍，好像牙痛放射到全身，肌肉像剝去皮膚暴露在外的神經，稍一觸動，就忍受不了。

但最讓人受不了的還是精神上的折磨。羅斯福從一個有著「美好前程」的年輕力壯的硬漢，一下子成了一個臥床不起、事事都需別人照料的殘疾人士，真是痛苦極了。在他剛得病的最初幾天裡，他幾乎絕望了，以為「上帝把他拋棄了」。但羅斯福畢竟是羅斯福，他依然受著痛苦的煎熬，卻又以平時那種輕鬆活潑的態度和妻子愛莉諾開玩笑。

他理智地控制住自己，絕不把自己的痛苦、憂愁傳染給妻子和孩子們。他不允許把自己得病的消息告訴正在歐洲的媽媽，以免她牽腸掛肚。當醫生正式宣布他患的是小兒痲痺症時，妻子愛莉諾幾乎昏過去，而羅斯福卻只是苦笑了一下。

「我就不相信這種病能夠整倒一個堂堂男子漢，我一定要戰勝它！」羅斯福對自己說。但羅斯福也知道這只是在說大話，但這也使他比較容易保持勇氣。

為了不想自己的病情，他拚命地思考問題，回想自己走過的路，哪些是對的，哪些是錯的；回想自己接觸過的各種各樣的政治家，誰是可資學習的導師，誰是卑鄙的政治騙子；他也想到人民，想到飽受一次世界大戰戰爭創傷的歐洲人民，想到那些飢寒交迫、朝不保夕的社會下層的人們。到底今後應當怎樣生活，怎樣做人，他不斷地思索、探求。

為了總結經驗，他不停地看書。他有系統的大量閱讀有關美國歷史、政治書籍；還閱讀了許多世界名人傳記；還有大量的醫學書籍，幾乎每一本有關小兒痲痺症的書他都看了，並和醫生們進行了詳細的討論。他幾乎成了這方面的權威。而當母親急匆匆來到羅斯福的床前，他以微笑迎接母親，寬慰母親說：「媽媽，不用擔心，一切都會好轉的。說真的，我實在想親自到船上去接你呢。」

為了使兩腿伸直，醫生不得不給羅斯福打上石膏。每天他都好像在中世紀的酷刑架上一樣，要把兩腿關節處的楔子打進去一點，以使肌腱放鬆些。但是，這個曾被看成是花花公子的人身上蘊藏著極大的勇氣，所以不久就出現了病情好轉的跡象——他的手臂和背部肌肉逐漸強壯起來，最後終於能坐起來了。

為了重新走路，羅斯福叫人在草坪上架起了兩根橫桿，一條高些、一條低些。每天，他接連幾個小時不停地在這兩條桿子中間挪動身體。後來他給自己定一個每天走路的目標。每天，他都要拄著拐杖在公路上蹣跚著朝前走，爭取比前一天多走幾步。他還讓人在床正上方的天花板上裝了兩個吊環，靠這兩個吊環持續鍛鍊。到第二年春天，他已經日見好轉，甚至能夠到樓下在地板上逗孩子們玩，或者在圖書館沙發上接見客人了。

一九二二年二月，醫生第一次給羅斯福安裝了一副用皮革和鋼製成的架子，這副架子他以後一直戴著。架子每個重七磅，從臂部一直到腳腕。架子在膝部固定住，這樣，他的兩腿就像兩根木棍一樣。借助於這架子和拐杖，羅斯福不僅可以憑身體和手臂的運動來「走路」，而且還能站立起來講話了。然而，要做到這一步也不容易，開始時經常摔倒，夾著拐杖的兩臂也經常累得發疼，儘管如此，他仍然以頑強的毅力和樂觀的態度堅持鍛鍊。

經過艱苦的鍛鍊，羅斯福的體力增強了。一九二二年秋天，他重新回到病前任職的信託儲蓄公司工作。剛開始，他每週工作兩天，又慢慢增加到三天，最後每週四天。他的日程排得很滿，每天早晨八點半在床上會見他的顧問路易士·豪和其他訪客，這樣他就開始了一天的工作。兩個小時後，他到辦公室，一直工作到下午五點。午飯就在辦公室裡吃。上午他處理公司的事務，下午辦些私事。回家後，喝點茶，活動一下身體，就又會見訪客，事情往往要到吃晚飯時才結束。也由於他重新回到了社會，羅斯福的名字又響亮起來了。

苦難是人生旅途中的另一道風景，是走向成功的動力。苦難可以造就一個人，當然也可以壓垮一個人，關鍵在於處於苦難中的人如何面對他所面臨和忍受著的苦難。

一九二四年又是總統選舉年。民主黨由於上屆總統選舉失敗，所以迫切需要羅斯福出來競選，重振士氣。羅斯福表示：「在丟掉丁字形拐杖走路以前我不想競選。」但他決定出席民主黨全國代表大會，以發出他本人重新返回政界的資訊。在兒子的協助下，他撐著拐杖走上講台，這時全場響起雷鳴般的掌聲。羅斯福巧妙的控制著講演的節奏，完全把聽眾吸引住了。他呼籲大家團結起來，這時聽眾全體起立。他充滿激情地號召大家：「要牢記林肯的話：『對任何人都不懷惡意，對所有的人都充滿友善。』」他的演講受到了與會代表的熱烈歡迎。這是人們對他表示的一種少有的敬意。他的心好像又長上了翅膀，他的腿被架子夾得麻木了，他的手由於把全身的重量都撐在桌上而不停地痙攣。但他全然顧不上這些，他那渾厚有力的聲音在大廳裡回盪著。

羅斯福最後贏得了這次選舉，並在二十世紀經濟大蕭條和第二次世界大戰中扮演了重要的角色，被學者評為是美國最偉大的三位總統之一，也是美國唯一一位任期超過兩屆的總統。

人生在世總是要與苦難握手，很少有所謂的「一帆風順」，但只有曾經受過苦難的人，才能知艱辛，知苦痛，知冷暖，知滿足，知福惜福，從而積極發奮。

第 2 篇

帶著信心向前出發

Instead of Changing Others, Change Yourself

永遠對自己充滿信心

有了信心，我們的行動更具有可能性，從而減少了做事情的難度，極易切中要害，找到目標。

一個人信心的培養和發展，是自我意識不斷成熟和發展的重要標誌，它能促使我們產生積極主動的願望、大膽探索的精神，同時也促使我們樂於與人交往和相處，經常保持愉快的情緒。

姍妮今年讀小學四年級，她學習非常努力，是爸爸媽媽的「寶貝」。唯一的毛病是，常常會對自己沒有自信。媽媽讓她去超市幫忙買點東西，她不敢去；有客人來家裡做客，她常常是一下子就溜進了自己的房間再也不出來。

每天放學後，姍妮總是很認真地寫作業。可是她每做完一道題目，媽媽都要檢查，做對了就有獎勵，做錯了就要重做。只有這樣，在得到媽媽的認可下，才能做下一題。快期中考試了，姍妮以為自己可以考得很好，媽媽也以為她會考個好成績回來。

考試那天，姍妮看著那些題目，覺得都是以前做過的。可是，她卻不敢做，因為以前都是在媽媽的確認下做，可是現在卻得不到媽媽的認可，萬一要是做錯了呢？「我該怎麼辦？」姍妮心裡猶豫不決，做，又怕做錯，不做，又不行。就這樣，時間在她的猶豫不決中飛快地溜走了。結果，考試完了，姍妮卻還有很多題目沒有做完。

考試結果出來了，姍妮考的幾科都不及格。媽媽非常生氣，責問姍妮道：「妳為什麼考成這樣？」姍妮哭著說：「我對自己做的答案沒信心，每做一題，我都要猶豫好一陣子，結果，試卷沒做完，考試結束的鈴聲就響了。」

信心是靠著調整你的內心，不斷接受「無窮智慧」的力量發展而成的。它是使「無窮智慧」的力量配合你明確目標的一種適應表現，也是將你的想法付諸實現的原動力。

海倫．凱勒（Helen Keller）剛出生時，是個正常的嬰孩，可是，一場病使她變成又瞎、又聾的小啞巴——那時她才十九個月大。生理的劇變，令小海倫性情大變。稍不順心，她便會亂敲亂打，野蠻的用雙手抓食物塞入口裡；你若試圖去糾正她，她就會在地上打滾亂吼亂叫。父母在絕望之餘，只好將她送至波士頓的一所盲人學校，特別聘請一位女教師照顧她。

所幸的是，小海倫在黑暗的悲劇中遇到了一位偉大的光明天使——她的教師安妮．莎莉文女士。從此，莎莉文女士與這個蒙受三重障礙痛苦的小姑娘的奮鬥就開始了。洗臉、梳頭、用刀叉吃飯等都必須一邊和她爭吵一邊教她。

一開始固執己見的海倫以哭喊、怪叫等方式全力反抗嚴格的教育，然而最終，依靠自我成功和重塑命運的工具——信心與愛心，終於喚醒了海倫那沉睡的意識力量。自信與自愛在小海倫的心理產生，使她從痛苦、孤獨的地獄中解脫出來，通過自我奮發，發揮潛意識無限能量，最終走向了光明。

當一個既聾、又啞、且盲的小女孩，初次領悟到語言的喜悅時，那種令人感動的情景，實在難以描述。海倫曾寫道：「在我初次領悟到語言存在的那天晚上，我躺在床上興奮不已，那時我第一次希望天亮——我想再沒有其他人，可以感覺到我當時的喜悅了。」仍然是失明，仍然是聾啞的海倫，憑著「觸角」的指尖去代替眼和耳，學會了與外界溝通。她十多歲時，名字就已傳遍全美國，成為殘障人士的模範。

若說小海倫沒有自卑感，那是不正確的。但幸運的是，她自小就在心底裡樹起了顛撲不破的信心，超越了對自卑的恐懼。小海倫成名後，並未因此而自滿，她繼續孜孜不倦地接受教育。一九〇〇年，這個二十歲的姑娘，學習了指語法、盲人點字及發聲，並透過這些方法獲得超越一般人的知識，她進入了哈佛大學拉德克里夫學院學習。她說出的第一句話就是：「我已經不是啞巴了！」四年後，她做為世界上第一個受到大學教育的盲聾人，以優異的成績畢業。

她以克服「無法克服」的殘疾「造命人」聞名全世界，引起了人們的驚訝和讚賞。憑著她堅強的信念，她終於戰勝了自己，實現自身的價值。她雖然沒有發大財，也沒有成為政界要人，但是，她所獲得的成就比富人、政客還要大得多。第二次世界大戰後，她在歐洲、亞洲、非洲各地巡迴演講，喚起了社會大眾對身體殘障者的注意，被《大英百科全書》稱頌為有史以來殘障人士最有成就的代表人物。

身受重重痛苦，卻能克服它並向全世界投射出光明的海倫・凱勒的成功事蹟，說明了什麼問題呢？它說明：信心是偉大的化學家，當信心融合在思想裡，潛意識就會立即拾起這種震撼，把它變成等量的精神力量，再轉送到無窮智慧的領域裡促成成功思想的物質。

一個人有了信心，就能達到自己所期望達到的境界，就能成為自己所希望成為的人。

養成獨立自主的好習慣

每一個成就大事的人都明白，獨立是走向成功的第一步。選擇獨立生活，對於培養良好的人格品質，適應環境的能力，都是有很大的好處的。如果一個人足夠聰明，就要學著去獨立生活，自主地去做些事情，一個成大事者是不會在生活中依賴他人的。

一位美籍華人談起他在美國的一段經歷。

「為了十六歲的兒子能夠成才，我狠下心來，送兒子到一所遠離住家卻十分有名的學校去念書。那個稚氣未脫的小伙子每天都需要轉三班公車，換兩次地鐵，穿越紐約最豪華和最骯髒的兩個街區，歷時三個多小時。而紐約的地下鐵又亂又不安全，每天都有搶劫、強姦甚至殺人的事件發生。為什麼我讓自己的兒子放著附近的高中不讀，而冒那麼大的風險，每天奔波於那危險的路中呢？」

「一方面固然是為了兒子以後能考上美國最好的大學，另一方面更是由於我思想中的獨立生存的觀念使然。在美國，十六歲的孩子應該是具有獨立人格和精神的。我始終認為：在人生的旅途上，每個人都要經過這一關，都要穿越這樣的危險地帶，否則就難以在這錯綜複雜、險象環生的環境中生存下去。我告訴兒子說：人生的道路是更危險的，因為人生只有去，沒有回，是只能走一回的路，而每一步跨出去都是自己不曾熟悉的道路，若一步稍有不慎，你的整個人生都將遭到打擊或挫折。」

「所以我在給兒子的信中語重心長地寫道：『年輕人，你漸漸會發現，當你一個人獨行的時候，會變得格外機警聰明，當你離開父母的時候，你才會知道父親是對的。』年輕人應該養成獨立生活的習慣，並且用這種習慣去應對世界，面對生活中的一切。」

獨立，對於我們每個人而言，都不可或缺。生活的一切，都只能靠你自己，因為你才是你自己的主人。

魯迅先生（本名周樹人，魯迅為筆名）的故事不知被多少人傳頌：魯迅小時候，由於家道中落和父親生病，使還是孩子的魯迅提早地承擔起了家庭的重擔，他不僅要學習，還要每天往返於藥店與當鋪之間，為生活而奔波。即便如此，他還是不忘自強不息地奮鬥。有一次，由於上學遲到，老師對他加以批評，魯迅從此在自己的書桌上刻上了一個「早」字，這不僅僅是對自己的提醒，更是一個人人生觀的體現：自立、自強。

在我們生活的環境中，每個人都充滿了智慧，又都有一副適應自己人生經驗的「如意算盤」。然而，誰也無法在課堂上、書本中和家庭裡教會青年們如何自如的處理各種複雜的社會關係、人際關係和利害關係，如何克服自身的惰性和弱點，以一個成熟者的目光來審視世界上的一切。只有獨立地去面對，去體驗，才會獲得這些知識。正如一位先哲所說：若想讓小鳥學會飛，就讓牠飛吧。

每個人都可能有這樣類似的經驗：被一位朋友帶著經過幾條不曾到過的小巷，去到一個陌生的地方，第二次自己來時，竟然無法辨認上次走過的路線；反而當初第一次去的時候如果能自己按圖索驥，走一路問一路，再來時自己就能十分肯定地找到要找的目標——這就是獨立的境界。

獨立的習慣是成大事者應該必備的條件之一。一個獨立的人，會堅守信仰，保持自我。只有這樣，才能夠在人生的道路上不迷失方向，才能為自己的人生塗上一道亮麗的色彩。

養成獨立的生活的習慣，這種習慣會在成功的路上助你一臂之力。青年人學會獨立生活，擁有了獨立的品格，你就擁有了成功者必備的一個條件。

機會屬於有心人

在我們的周圍，有的人有所成就、有的人一事無成，有的人意志消磨了、有的人仍在苦苦追尋，而大多數的人都在埋怨沒有機會，施展不了自己的才華。

機會不會從天上掉下來，是從熟視無睹、微小的地方，透過你敏銳的觀察分析和發現得來的，並努力地把想法變為行動，讓機遇成為現實。那麼，機會在哪裡？如何把握機會？答案是，機會就在你的腳下、你的身旁，只看你如何去發現和把握。

在一家大型企業有A、B、C三個白領，A覺得自己有滿腔抱負卻沒有得到賞識，他經常想，「如果有一天能見到老總，有機會展示一下自己的才幹就好了」，但卻只限於空想，並沒有付諸實踐。B也有同樣的想法，他打聽到老總上下班的時間，算好他大概會在何時進電梯，他也在這個時候去坐電梯，「希望能遇到老總，有機會可以打個招呼」。雖然B也見過幾次老總，但由於沒有深談，並沒有給老總留下印象。C詳細了解老總的奮鬥歷程，查明老總畢業的學校、人際風格、關心的問題，精心設計了幾句簡單卻有分量的開場白，在算好的時間去乘坐電梯，在跟老總打過幾次招呼後，終於有一天跟老總長談了一次，讓老總對他有了一定的了解，不久就爭取到了更好的職位。

機會，大家都能看到，但由於對待的心理態度不相同，有的抓住成功了，有的輕易放過了。所以許多人雖然一生奔波不息、一身疲憊風塵，一腔辛酸，到頭來還是兩手空空，一事無成，回首往事感慨連連、悔不當初，然而機會逝去了就再不會回來。把握機遇關鍵是實做，不能只是空想，實做成功，空想誤事，這是真理。

一個人有天晚上碰到一個神仙，這個神仙告訴他說，有大事要發生在他身上了，他有機會得到很大的財富，在社會上獲得卓越的地位，並且娶到一個漂亮的妻子。

於是，這個人終其一生都在等待這個奇蹟的承諾，可是什麼事也沒發生。這個人窮困地度過了他的一生，最後孤獨的老死了。他上了西天，又看到了那個神仙，他對神仙說：「你說過要給我財富、很高的社會地位和漂亮的妻子的，我等了一輩子，卻什麼也沒有。」

神仙回答他：「我沒說過那種話，我只承諾過要給你機會得到財富，一個受人尊重的社會地位和一個漂亮的妻子，可是你卻讓這些從你身邊溜走了。」

這個人迷惑了，他說：「我不明白你的意思？」

神仙回答道：「你記得你曾經有一次想到一個好點子，可是你沒有行動，因為你怕失敗而不敢去嘗試？」這個人點點頭。

神仙繼續說：「因為你沒有去行動，這個點子卻在幾年後被另外一個人發現了，那人毫無顧慮地去做了。你可能記得那個人，後來他變成全國最富有的人。還有，你應該還記得，一次城裡發生了大地震，城裡大半的房子都毀了，好幾千人被困在倒塌的房子裡，你有機會去幫忙拯救那些存活的人，可是你卻怕小偷會趁你不在家的時候，到你家裡去打劫，偷東西。」這個人不好意思地點點頭。

神仙說：「去拯救幾百個人，那是你的好機會，那個機會可以使你在城裡得到多大的尊榮和榮耀啊！」

神仙繼續說：「你記不記得有一個頭髮烏黑的漂亮女子，那個你曾經受到非常強烈吸引的、你從來不曾這麼喜歡過，之後也沒有再碰到過像她這麼好的女人？可是你想她不可能會喜歡你，更不可能會答應跟你結婚，你因為害怕被拒絕，就讓她從你身旁溜走了？」

他又點點頭，流下了眼淚。

神仙又說：「我的朋友啊！就是她！她本來應是你的妻子，你們還會有漂亮的小孩。跟她在一起，你的人生將會有許許多多的快樂。」

有一句話更是將「機會」形容得入木三分：機會像小偷，他來時悄無聲息，可是當他離開時，你卻發現自己損失慘重！正是因為機會如此神秘而又如此重要，所以有多少人窮其一生，全世界去尋找實現心中夢想的機會。可是這樣的人又往往會空手而歸，因為他們不知道最好的機會其實就在「身邊」！

因為害怕被拒絕而不敢跟人們接觸；因為害怕被嘲笑而不敢跟人們溝通情感；因為害怕失落的痛苦而不敢對別人付出承諾。最後，也會因為這諸多的害怕而失去太多的機會，終其一生一事無成。

用自信創造奇蹟

當一個人有自信時，別人就會相信他。一個人能夠在遭遇質問或批評時，不動搖自己的信念，不是因為固執，而是因為自信。充分的自信是由於有足夠的準備、高超的見識、卓越的能力，它不是盲目的剛愎自用，而是清楚地知道事情必然的歸趨。這種自信是由知識、見識和力量所形成的。

偉大詩人里爾克（Rainer Maria Rilke）寫過這樣一首詩：「弄瞎我的眼睛，我也要看到你，塞住我的耳朵，我也要聽到你……」這應該是一種對理想的執著追求吧！有了自信，才會有奮鬥目標，才能不斷地戰勝困難，奔向成功，創造輝煌人生。

二〇〇一年五月二十日，美國一位名叫喬治・赫伯特的推銷員成功地把一把斧頭推銷給了小布希總統。布魯金斯學會得知這一消息，把刻有「最偉大推銷員」的一只金靴子贈與他。這是自一九七五年以來，該學會的一名學員成功地把一台微型答錄機賣給尼克森總統後，又一學員登上如此高的榮譽。

布魯金斯學會創建於一九二七年，以培養世界上最傑出的推銷員著稱於世。學會有一個傳統，在每期學員畢業時，設計一道最能表現推銷員能力的實習題，讓學員去完成。柯林頓總統當政期間，他們出了這麼一個題目：請把一條三角褲推銷給現任總統。八年間，有無數個學員為此絞盡腦汁，可是，最後都無功而返。

柯林頓卸任後，布魯金斯學會把題目換成：請把一把斧頭推銷給小布希總統。鑑於前八年的失敗與教訓，許多學員知難而退，許多學員甚至認為，這道畢業實習題會和柯林頓當政期間一樣毫無結果。因為現在的總統什麼都不缺少，再說即使缺少，也用不著他們親自購買；更進一步說，即使他們親自購買，也不一定正趕上是你去推銷的時候。

然而，喬治・赫伯特卻做到了，並且沒有花多少工夫。

一位記者在採訪他的時候，他這樣回答：「我認為，把一把斧頭推銷給小布希總統是完全可能的。因為布希總統在德州有一個農場，裡面長著許多樹，於是，我給他寫了一封信，說：『有一次，我有幸參觀您的農場，發現裡面長著許多矢菊樹，有些已經死掉了，木質已變得鬆軟。我想，您一定需要一把小斧頭，雖然從您現在的體型來看，這種小斧頭顯然太輕，因為您仍然需要一把不甚鋒利的老斧頭。現在，我這兒正好有一把這樣的斧頭，它是我祖父留給我的，很適合砍伐枯樹。假若您有興趣的話，請按這封信所留的信箱，給予回覆……最後他就給我匯來了十五美元。」

喬治・赫伯特成功後，布魯金斯學會在表揚他的時候說：「金靴子獎已空置了二十六年。二十六年間，布魯金斯學會培養了數以萬計的推銷員，造就了數以百計的百萬富翁，這只金靴子之所以沒有授予他們，是因為學會一直想尋找這麼一個人：這個人不因為有人說某一目標不能實現而放棄，不因為某件事情難以辦到而失去自信。」喬治・赫伯特的故事在世界各大網站公布後，一些讀者紛紛搜詢布魯金斯學會，他們發現在該學會的網頁上貼著這麼一句格言：不是因為有些事情難以做到，我們才失去信心，而是因為我們失去了自信，有些事情才顯得難以做到。

不因為有人說某一個目標不能實現而放棄，不因為某一件事情難以辦到而失去自信，這是布魯金斯學會尋找的人才，同樣也是各行各業所需要的人才。在我們的成才之路上，只要我們具備這種自信的精神和堅強的毅力，我們就一定能夠像喬治・赫伯特那樣取得巨大的成功！

自信就是自己相信自己，對自己有必勝的信心。在這種自信心的驅動下，他們敢於對自己提出更高的要求，並在失敗中看到成功的希望，進而獲得最終的成功。

牢牢地把握住今天

我們常常會為了昨天的失去念念不忘、耿耿於懷；會為明天的美麗意氣風發、熱血沸騰。

可是，昨天已經過去，明天無法預知，只有今天屬於我們。只要我們問心無愧地過好每一個今天，不浪費今天去追憶昨天、幻想明天，那麼到達生命終點時，就可以毫無遺憾了。

時間並不能像金錢一樣可儲存起來以備不時之需。我們所能夠使用的只有被給予的那一瞬間，也就是今天、現在。因此，抓住每一個今天，你就抓住了全部。

一位電台主持人對「只有今天」的意義有著深刻的親身體會：

最初，我感覺自己意志薄弱而且缺乏勇氣，對自己失去了信心。後來在一本書中看到了一則「生活運動」的策略，書上寫道：「就在今天，你也可以成為你現在所處環境的朋友。意志薄弱、沒有信心、感到厭煩等情緒問題都不必去理它，明天早上一覺醒來就用冷水摩擦你的臉。不要記掛明天、後天的事。只要好好地充實『今天』，這點應該很容易做得到。只要你切身實行『只有今天』，那麼一切都會改變。冷水摩擦臉，對於身心兩方面都具有強化的效果。」

如果能做到這點，那麼就可將這個「只有今天」的概念擴大運用在日常生活中。例如對待痛苦、病痛、厭惡的事，也只要在「只有今天」忍耐而已。明天可能無法忍耐，但是起碼在「只有今天」已經忍耐過去了。

自從實施「只有今天」的技巧，這位主持人用冷水摩擦臉也有三、五年的歷史了。他每天早上都不斷地唸著「只有今天」，身體因而變得更加強壯，個性也大為改變。

「無須為明日煩惱憂慮，只須全力以赴地生活在今天」的方式，對我們的人生可以產生難以估計的力量。

昨天是一張作廢的支票，明天是尚未兌現的期票，只有今天是現金，有流通價值。如果不抓住今天，所有的希望都會消磨，在懶散消沉中流逝。

再說，與其費盡心思把今天可以完成的任務拖到明天，還不如用這些精力把工作做完。任務拖得愈後面就愈難完成，做事的態度就愈是勉強。今天能完成的工作，被推遲幾天或幾個星期後，就會變成負擔。在收到信件時沒有馬上回覆，以後再挑出來回信就不那麼容易了。

許多大公司都有這樣的制度：所有信件都必須當天回覆。只有今天，更近一步來說，就是珍惜現在的每分每秒。並且，珍惜時間並不只是珍惜你自己的時間，更意味著你要珍惜別人的時間。

「一個人如果根本不在乎別人的時間，」賀拉斯．格里利說，「這和偷別人的錢有什麼兩樣呢？浪費別人的一小時和偷走別人五美元有什麼不同呢？況且，很多人工作一小時的價值比五美元要多得多。」

華盛頓總統四點鐘吃飯，有時候應邀到白宮吃飯的國會新成員遲到了，這個時候華盛頓就會自顧自地吃飯而不理睬他們，這使他們感到很尷尬。華盛頓經常這樣說：「我的錶從來不問客人有沒有到，它只問時間有沒有到。」他的秘書找藉口說自己遲到的原因是錶慢了。華盛頓回答說：「那麼，或者你換個新錶，或者我換個新秘書。」

有一次，拿破崙請將軍們和他共進晚餐，他們沒有在約定的時間到達，他就旁若無人地先吃起來。他吃完剛剛站起來時，那些將軍來了。拿破崙說：「先生們，現在用餐時間已經結束，我們開始下一步工作吧。」

約翰・昆西・亞當斯（John Quincy Adams）也從不拖延。議院開會時，看到亞當斯先生入座，主持人就知道該向大家宣布各就各位，開始開會了。有一次發生了這樣一件事，主持人宣布就座時，有人說：「時間還沒到，因為亞當斯先生還沒來呢。」結果發現是議會的鐘快了三分鐘。三分鐘後，亞當斯先生像往常一樣準時到達。

如果我們能夠在今天的太陽落山的時候，勇敢地拍著胸脯自豪地說：「今天，我沒有白過。」那你真的把握住了今天。

那些還徘徊在今天和明天的人，那些把今天的任務塞給明天的人，如果想在明天做出一番大事業，把握住今天才是最好的選擇。

勇於挑戰自我

摩洛・路易士是個善於挑戰自我的人。他的非凡成就來自兩次成功的打拚，一次在二十歲，另一次在三十二歲。

摩洛在九歲時隨家人一起搬到紐約。在此之前，他的生活已是多姿多彩，比一般人豐富許多。由於家人皆喜好音樂、喜劇，所以在這種環境的薰陶之下，幾乎所有的樂器摩洛都能演奏。他是一般人眼裡的天才兒童——不到十歲，他便指揮過交響樂團；十二歲時，他從事雞蛋專賣做得有聲有色，雇了十六名少年為他工作；到了十四歲，他獨自組織了一個舞蹈團；高中畢業之後，他又投身新聞界擔任一名採訪記者，與許多新聞界的老前輩，例如班・希特、查理斯、馬卡沙等人一起工作；十九歲時，他曾獲音樂獎學金，但由於舉家搬遷，所以只好放棄此次進修的機會。

在紐約，摩洛在一家廣告公司找到一份一周十四美元的差事。對當時的情景，摩洛是這樣回憶的：「那時候我經常跑外勤，工作非常忙碌，成天像發瘋似的，時間也過得特別快。六點下班以後，我還到哥倫比亞大學上夜間部，主修廣告。有時候，由於工作尚未做完，所以下課後，我還會從學校趕回辦公室繼續工作，常常是從十一點一直工作到第二天淩晨兩點。」摩洛非常喜歡充滿創意的設計工作，而他也的確做得有聲有色。

二十歲時，摩洛放棄在廣告公司內很有發展的工作與旁人夢寐以求的職位，決心自己創業。這便是他人生中的第一次打拚。他放棄收入穩定、前途似錦的工作，完全投身於未知的世界，從事創意的開發。結果，成績令人滿意。

摩洛的創意主要是說服各大百貨公司，透過CBS電視公司成為紐約交響樂節目的共同贊助人。摩洛本人認為此法十分可行：一方面，當時的百貨公司業績都不好，都希望能借助廣告媒體提高形象與銷售成績；另一方面，在紐約，交響樂節目的聽眾多達一百萬人，十分值得投資。於是，摩洛便立於其間幫兩邊牽線。

在當時，這種性質的工作對人們來說相當陌生，所以做起來困難重重。而且，要同時說服許多家獨立的百貨公司，在之後要分別採納各公司的意見加以整合，這種事過去從未有人完成過，更別說要他們拿出幾百萬美元的經費來，所以，一般人預測他不可能成功。

儘管如此，摩洛仍然十分賣力地在各地進行說服工作。結果相當成功。一方面，因他的創意大受歡迎，與許多家百貨公司簽成了合約。另外，他向CBS電台提出的策畫方案也順利被接受。此後的十個星期，他幹勁十足的與電視台經理一同展開一連串的系列廣告活動。值得一提的是，這段期間內他沒有任何收入。

計畫眼看著就要步入最後的成功階段，然而沒有料到的事發生了，由於合約內某些細節而終告流產，他的夢想也隨之破滅。但「塞翁失馬，焉知非福」。此事結束之後，CBS公司馬上來挖角，聘請他為紐約辦事處新設的銷售業務部門負責人，並支付高出以往三倍的薪水給他。摩洛又活躍在銷售界，他的潛力得以繼續發揮。

在CBS服務幾年之後，摩洛再度回到廣告業界工作，但這次不是從基層做起，而是直躍龍門——他擔任了承包華納影片公司業務的湯普生智囊公司的副總經理。

那個時代，電視尚未普及，與今日相比，仍處於搖籃期。但摩洛非常看好它的遠景，認為電視必將快速發展，大有可為，便專心致力於這種傳播媒體的推廣。由公司所提供的多樣化綜藝節目，為CBS公司帶來空前的大成功。

這便是摩洛人生中的第二次打拚。為了它，他再次放棄原來可以平步青雲的機會，走入另一個未知的世界。但這次冒險並不完全是孤注一擲，他是看準後才推上自己的「賭注」。最初兩年，他僅是純義務性地在「街上乾杯」的節目中幫忙，沒想到竟使該節目大受歡迎，以後連續多年被評為美國最受歡迎的綜藝節目之一。

從一九四八年開始到一九八八年，整整四十餘年的時間，它的播映從未間斷，這是在競爭激烈的美國電視界內非常難能可貴的現象。除了節目成功之外，他被CBS公司任命為所有喜劇、戲劇、綜藝節目的製作主任。

如果你有足夠的勇氣，就勇敢投入到人生的激流中去，積極把握自己的人生。只有懂得如何挑戰人生的人，才是最有自信心與實力的人。

表現出你的勇敢！

傑夫・荷伊在他的一篇文章裡曾記錄了他那令人難忘的故事：

我開始做生意不久，就聽說百事可樂的總裁卡爾・威勒歐普要到科羅拉多大學演講。我找到為他安排行程的經紀人，希望能找個時間和他會面。可是經紀人告訴我，他的行程安排得很緊湊，頂多只能在演講完後的十五分鐘與我碰面。

於是在威勒歐普演講的那天，我就到科羅拉多大學的禮堂外苦坐，守候這位百事可樂的總裁。他對學生演講的聲音不斷從裡面傳來，不知過了多久，我猛然驚覺，預定的時間已經到了，但是他的演講還沒結束，他已經多講了五分鐘，也就是說，我和他會面的時間只剩下十分鐘。我必須當機立斷，做個決定。

我拿出自己的名片，在背面寫下一句話，提醒他後面還有個約會：「您下午兩點半和傑夫．荷伊有約。」然後我做個深呼吸，推開禮堂的大門，直接從中間的走道向他走去。威勒歐普先生原本還在演講，見我走近，他停下話來，我把名片遞給他，隨即轉身從原路走出來，我還沒走到門邊，就聽到威勒歐普先生告訴台下的觀眾，說他遲到了，他謝謝大家來聽他的演講，祝大家好運，然後就走到外面我坐的地方。此時，我坐在那裡，全身神經緊繃，連呼吸都好像停止了。

威勒歐普看了看名片，接著看看我說：「我猜猜看，你就是傑夫。」我們就在學校裡找了個地方當辦公室，關起門來暢談了一番。

結果我們談了整整半小時。威勒歐普不但花費寶貴的時間告訴我許多精彩動人的故事，而且還邀我到紐約去拜訪他和他的工作夥伴。不過他賜給我最珍貴的東西，還是鼓勵我繼續發揮先前那種勇氣。他說商業界或者其他任何地方，所需要的就是勇氣，你希望促成什麼事的時候，就需要有勇氣採取行動，否則終將一事無成。

是機會就一定要爭取，缺乏勇氣只能會讓你坐失良機。在人類歷史上，只有那些相信自己、勇敢而富有創造力的人，以及那些富有冒險精神的人，才能成就偉大的事業。

《請老闆付薪水》的作者講了自己的一件親身經歷之事：

這是去年暑假的故事，一想起，便歷歷在目，令我終生難忘。那天是星期日，剛上完晚班，我累極了，顧不得換下油漬漬的工作服，連忙倒在床上準備大睡一覺。但牆上的日曆提醒我離開學只有三天了。怎麼辦？那兩千多元的學費還沒著落，來這沒日沒夜做了一個月，可是口袋裡一個硬幣也沒有，得想點辦法。想來想去，辦法只有一個：請老闆預付薪水（因為該廠的慣例是工程結算後才發工資，當時工程正忙）。

我從床上溜下來，脫下汗漬的衣服，洗了臉，硬著頭皮朝經理室走去。站在經理辦公室燙金的招牌底下，我輕輕地敲了一下門，「進來，」經理頭也沒抬，仍仔細地翻著那一疊厚厚的資料。我怯生生地站在辦公桌前，暗思著可能發生的一切。四五分鐘後，經理炯炯有神的目光射向我：「有什麼事，說吧。」

「老闆，離開學只有三天了，我想預支點薪水。」

「嗯，可以考慮，學生以學為主嘛。」居然這麼簡單！我心裡暗自高興。

「你過來，我找一下工時記錄。對，是這份。一共三十二個工時，每個工時二十五塊，加班費共一百六十元。我算一下，對，總共是九百六十元，是不是？」

「沒錯，老闆。」

「不過，你曾到辦公室打過五通電話，三通長途，電話費是八十五・八元，你前天到市區的時候借了我五十塊錢買東西；損壞鋼絲床一個，需賠一百五十元；搬東西時弄壞枱燈一個，椅子四把，共要賠一百六十元；昨天你提前交班，罰款五十元。規章制度你是知道的。這樣一來，你應拿的工資是四百六十四・二元……」

老闆的話還沒說完，我大叫起來：「不，不，打長途電話是經你允許的，是聯繫業務需要；我沒借你的錢，那五十塊錢是買原料的；那個鋼絲床早報廢了；枱燈椅子不是我損壞的，那天是他們叫我收拾壞掉的東西；提前交班是我們私下的事，況且沒發生任何事故……」

「不可能吧，」老闆發話了，「這裡有記錄、有罰款報告單，另外你應該清楚跟老闆強詞奪理的後果，我從來不跟人多廢話。這是四百六十四・二元，數一下。」老闆轉身出去了。

我的心一下子涼了，只四百六十四・二元，還差一大截。但轉念一想，總算弄了點錢，這可是用自己的汗水掙來的第一筆錢。我收起錢，離開了經理室。

「等等，」我正準備下樓梯，身後又傳來了經理的聲音：「你為什麼不堅持？為什麼不據理力爭？在這個充滿競爭的社會裡，你為什麼就這樣輕而易舉放棄，這樣永遠也幹不成大事！」

「拿著，這是你的工資袋，共九百六十元，把剛才的那個也帶上，我知道你是大學生，但你也應該學習競爭，光能吃苦還不夠，你是在我這裡打工最能吃苦的大學生，我欣賞。四百多塊錢算獎金，走吧，念好書。」

我在那裡愣半天，許久才說了一聲：「謝謝。」老闆卻早走了。

堅持與放棄都需要勇氣，勇氣有時的確能改變一切。在我們人生的關鍵時刻，只有將得失置之度外，充滿勇氣地去做自己該做的事，才有可能贏得屬於自己的勝利。

第3篇

凡事主動積極正向

Instead of Changing Others, Change Yourself

充分利用好每一分鐘

利用好時間是非常重要的，一天的時間如果不好好規畫，就會白白浪費掉，就會消失得無影無蹤，我們就會一事無成。經驗證明，成功與失敗的界線在於怎樣分配時間、怎樣安排時間。

如果想成功，必須重視時間的價值。時間是要爭取才有的，時間是自己安排出來的。忙碌的人能夠讀很多書，就是因為這個緣故。

時間並非一成不變，時間有密度，也有年齡。明天的時間比今天的時間衰老。衰老的時間沒有氣勢，就好像旭日東昇，朝氣蓬勃，而日落西山的太陽，就完全沒有那種氣勢。失去效率的時間是沒有什麼用的。

數學家華羅庚說過：「成功的人沒有一個不是利用時間的高手！」實際上，只要扎扎實實地用好每一分鐘，幾乎不可能不能成才、有所作為、享受美好的生活及健康長壽。有些人一生都沒有利用好時間，有些人只是利用好了青春，有些人只是利用了一生中的幾年，一流人才儘量利用好每一天，而高手們則儘量利用好每一分鐘乃至每一秒鐘。縱觀一流人才的行為，很少有浪費時間的行為，他們的成功，實質上是時間利用上的成功。

在佛蘭克林報社前面的商店裡，一位猶豫了將近一個小時的男人終於開口問店員了：「這本書多少錢？」

「一美元。」店員回答。

「一美元？」這人又問，「能不能少一點？」

「它的價格就是一美元。」沒有別的回答。這位顧客又看了一會兒，然後問：「佛蘭克林先生在嗎？」

「在，」店員回答，「他在印刷室忙著呢。」

「那好，我要見見他。」這個人堅持一定要見佛蘭克林。於是，佛蘭克林就被找了出來。

這個人問：「佛蘭克林先生，這本書你能出的最低價格是多少？」

「一美元二十五分。」佛蘭克林不假思索地回答。

「一美元二十五分？你的店員剛才還說一美元一本呢。」

「這沒錯，」佛蘭克林說，「但是，我情願倒給你一美元也不願意離開我的工作。」

這位顧客嚇到了。他心想，算了，結束這場自己引起的談判吧，他說：「好，這樣，你說這本書是最少要多少錢吧。」

「一美元五十分。」

「又變成一美元五十分？你剛才不還說一美元二十五分嗎？」

「對。」佛蘭克林冷冷地說，「我現在能出的最好價錢就是一美元五十分。」這人默默地把錢放到櫃檯上，拿起書出去了。這位著名的物理學家和政治家給他上了終生難忘的一課：對於有志者，時間就是金錢。

想要有成功的人生，必須把握現在的時間。如何把握現在呢？效率專家認為，分析、計畫、行動，三個步驟缺一不可。

愛爾斯金（John Ershine）是美國近代詩人、小說家，也是出色的鋼琴家，他在談及利用時間這個老生常談的話題時，曾深有體會地說：「當我在哥倫比亞大學教書的時候，我想兼職從事寫作創作。可是上課、看卷子、開會等事情把我白天、晚上的時間全占滿了。差不多有兩個年頭我一字都不曾動筆，我的藉口是沒有時間……後來，只要有五分鐘左右的空閒時間，我就坐下來寫作一百字或短短的幾行。出乎我意料之外，在那個星期的終了，竟然累積有相當的稿子準備我修改。

「後來我用同樣積少成多的方法，創作長篇小說。我每天的教授工作很繁重，但是每天仍有許多可以利用的短短空閒。我同時還練習鋼琴，發現每天小小的間歇時間，足夠我從事創作與彈琴兩項工作。

「利用瑣碎時間，其中有一個訣竅：你要把工作進行得迅速，如果只有五分鐘的時間給你寫作，你絕不可把四分鐘消磨在咬住你的鉛筆尾巴。在思想上要有事前準備，到工作時間居臨的時候，立刻把心神集中在工作上，迅速集中腦力。」

充分利用時間，實質上就是以較少的時間做較多的事情。學會合理利用學習時間，在規定的時間裡進行學習，才會達到「不求利用每一分鐘來學習，但求學習的每一分鐘有收穫」的效果。

保持清醒的頭腦，經常對時間的消耗進行統計，掌握支配時間的主動權，發現問題馬上改正。

勤於思考能獲得成功

勤於思考的人從來不會消極被動地應付工作，他會把日常工作和日常生活中的問題、現象加以分析，這樣不但能透過現象看本質，更能很快的找出事物的內在規律和聯繫，找到工作的方法，做起來得心應手，事半功倍。

要學會思考其實並不難，關鍵在於「勤」，要多思考，常思考，養成勤思考的習慣。遇到困難的時候，決不能灰心喪氣，只要勤動腦，多問幾個「為什麼？」就一定會取得進步。總之，不管是讀書，或是做其他事情，都應該勤於思考，經過思考得來的知識是極為寶貴的。

德國數學家高斯（Carl Friedrich Gauss），是近代數學奠基者之一，在歷史上影響之大，可以和阿基米德（Archimedes）、牛頓、歐拉（Leonhard Euler）並列，有「數學王子」之稱。

高斯非常善於思考，這種良好的思維習慣在他小時候就已經表現出來。高斯的父親是泥瓦廠的工頭，每星期六他都要發薪水給工人。在高斯三歲時，有一次當他正要發薪水的時候，小高斯站了起來說：「爸爸，你弄錯了。」然後他說了另外一個數目。原來小高斯趴在地板上，一直暗地裡跟著他爸爸計算該給誰多少工錢。重算的結果證明小高斯是對的，這把站在那裡的大人都嚇得目瞪口呆。

小高斯十歲時，有一次他的數學老師讓他們全班解答一道習題：立即計算出「1＋2＋3＋4……＋100=？」的答案。這個題目在今天早已家喻戶曉，可是在那個時候、那個場合，對於一群小學生來說，還真不容易。要算出這麼長的算術題耗時不少，孩子們都想爭取第一個算出來，立刻在草稿紙上做了起來。

只有小高斯還沒有開始動手，不是想偷懶，也不是發呆，他在想，難道一定得經過這麼複雜的計算過程嗎？從客觀上說，他在進行思維的計畫，計畫的目的是要尋找一種能夠成倍提高思維效率的策略，這個過程花去了相當於其他同學進行加法計算的二分之一時間。這時候，老師看見了他，走上前去問他怎麼了，為何還不開始計算。小高斯說他已經知道答案了，是5050。老師十分詫異，問他是否提前做過這道題。高斯於是告訴老師，他透過觀察，發現這一組數字中1加100等於101、2加99等於101……這樣的等式一共有50個，因此這道題可以化簡為「101×50=5050」。

勤於思考的人擁有積極心態。心態決定著狀態！

雷文虎克（Antonie van Leeuwenhoek）出生於一六三二年荷蘭，二十多歲時就到市政府上班，負責簡單的事務工作。

在一個偶然機會，他得到一塊凸透鏡，發現能放大鏡子下的東西。可惜那片鏡片已很模糊了，他就決心重磨一個。自從他迷上磨鏡片後，每天黎明就起床，手捧一塊油石，一塊玻璃，非常認真又十分吃力地磨來磨去。這樣一直磨了四十年，他的房子成了當時世界上最大、最齊全的透鏡倉庫。

雷文虎克磨鏡成癖，有了鏡子就拿著它到處去照，這也成了癖。他把木塊、蟲子、石塊、肉類等，通通拿到他的鏡子下一一檢查。他發現本是平滑的木塊在他的鏡子下竟是凹凹凸凸，坑坑疤疤，看見一個平常的小蟲子竟像一頭小豬一樣走來，他高興的哈哈大笑。

這一天，外面正淅瀝淅瀝的下著秋雨，雷文虎克聽到這雨聲又生一計，大叫女兒：「瑪麗亞，到院子裡舀一點雨水來！」雨水舀來了，他用像頭髮一樣細的管子吸了一滴，眼睛又貼近在鏡子上不動了。足足有半個小時，他不說話，也不擡頭，彎著腰，只是實在難支持時，揉一下疲睏的眼睛。雷文虎克突然一把抓住女兒的手，大聲喊道：「孩子，你知道你剛才舀了什麼？這是一個小王國啊。它的人口大概有幾百萬，比我們全國人口還要多。這是些什麼樣的居民啊，奇形怪狀，有的像個圓球，有的是一根長皮條，有的渾身是毛，有的兩個連在一起像個孿生的怪胎……他們個個都不安靜，在不停地飛跑，互相碰撞。他們怎麼總是有用不完的活力啊？他們每天吃什麼好東西？怎樣生活啊？」

雷文虎克自從發現這個奇怪的小王國後，寫成一篇論文。當第一篇又像記錄，又像是一封信的文字寄到英國皇家學會時，學會主持人胡克大吃一驚。他忙找來顯微鏡觀察一滴水，裡面果然有一個小王國。這以後，雷文虎克這個沒有受過正規教育的看門人，破例成為英國皇家學會會員，成為向微觀世界邁進的第一個開拓者。

思考的力量是巨大的。凡事多想一想，多問一個為什麼，可能好多事情會做得更好一些。

有些人之所以能夠取得偉大的成就，並不全是因為他們智力超群，而是他們遇到事情肯動腦筋、勤動腦筋，即使面對的是身邊的小事，也會認真觀察、認真思考。

請耐心等待時機

不管一個人遭受了多少打擊，也不管他經歷了多少苦難，只要有恆心，有耐力，有毅力，總會找到生機。哪怕是那種不得不隱忍等待的時候，也應抱有希望和夢想，因為只要忍耐就一定可以度過難關。

有時候人們忍耐一時之氣，不是因為他們懦弱，而只是因為當時實力尚不如人，為了保存實力而不得不忍，等到有利時機來臨時再一鼓作氣地反擊。很多成就大事的人都經歷過這樣的階段，譬如唐玄宗李隆基。

唐中宗李顯的皇后韋氏，是一個專權放蕩而又心狠手辣的女人。她自從登上皇后位子，便想把過去受的苦都彌補過來，所以處處仿效武則天，一心要專權。中宗臨朝，她就垂簾於後，參與政事。中宗原本性情溫和，又與韋后同甘共苦多年，對她十分信任，所以很多事情都放手讓她處理。而韋后一旦掌權，便安插親信，消滅反對者。韋后在生活上也十分放蕩，先後與武三思、和尚慧范等私通。

朝臣郎岌和燕欽融冒死上書，揭露韋后干亂國政，並控告安樂公主、武延秀、宗楚客等追隨韋后圖危社稷。中宗原本對安樂公主十分寵愛，因為安樂公主是他和韋后被貶庶時生下的女兒，從嬰兒時期就跟著父母親吃苦，所以他總覺得對不起這個小女兒，處處容忍她。可是這回中宗經過調查，認為情況屬實，就有了廢后的打算，並準備教訓女兒一下。可是韋后和安樂公主竟然在中宗的食物中下毒，將這個溫和的皇帝毒死了。

韋后在中宗死後，立他十六歲的幼子李重茂為帝，自己以太后的身分臨朝稱制。宗楚客等勸韋后仿效武則天，革除唐命，謀害李重茂，另立新朝。已經被權力的欲望所深深迷惑的韋后，深忌原來做過皇帝的小叔子相王李旦，便籌畫先除掉李旦，再害死李重茂，以清洗政敵防止暴動。

相王李旦之子臨淄王李隆基，目睹韋后的暴虐行徑，痛心疾首。面對韋后的強權淫威，他毫不畏懼，暗地招募勇士、豪俠及御林軍中志同道合的人，策畫挽救唐王朝的命運，把皇權從韋后手中搶回來。兵部侍郎崔日用知道宗楚客等人的陰謀，就秘密派人通報李隆基，讓他早作打算。

李隆基與姑母太平公主等人秘密籌畫，決定興兵靖逆，先發制人。李隆基憤怒的說：「韋后干預朝政，淫穢宮廷，毒死中宗，臨朝稱制，現在又預謀屠殺幼帝，清洗異己，實在是天下共憤，罪不容誅。」但是很多人都認為韋后大權在握，京城各門都有重兵把守，御林軍也在韋氏的掌握之中，萬一機事不密，計畫不周，就會招來殺身之禍。李隆基堅定地說：「大唐國運，危在旦夕，我作為皇室宗孫，怎麼能坐視不問呢？古今成大事者，都要有一點冒險精神，鋌而走險或許能夠成功；畏懼退縮，只能坐以待斃！」他的果決感動了許多追隨者。

還有人說：「這麼大的事，應該先告訴相王，聽聽他的意見。」李隆基反對說：「我們發動大事，目的在於報效國家，事成則福歸相王，不成則以身殉國，也不會連累相王。現在告訴他，如果他同意，則有參與險事的嫌疑；不同意又會壞了我們的大事。」

一切準備妥當後，在中宗死後的第十八個晚上，李隆基與劉幽求等人穿著便裝，來到禁苑中找鐘紹京商議。但是鐘紹京臨時反悔，拒絕接待李隆基等人。眼看離約定的時間還差兩個時辰，李隆基心知這要是走漏了風聲，大事就完了，很多人的性命也就要結束了。於是，他派劉幽求帶重金從後門進去，煽動鐘妻許氏。許氏果然一口應承，對鐘紹京勸說道：「捨身救國，天必相助，況且你事先已經參與同謀，如今就是想不做也不成了，日後若是走漏風聲，你一樣會被韋氏殺掉的。」

鐘紹京被說動了，同意幫助李隆基。

入夜，李隆基率兵潛入禁苑，御林軍早已屯居玄武門。李隆基直搗御林軍總管韋播的寢處，殺了韋播，然後提著人頭集合御林軍，慷慨宣稱說：「韋后毒死先帝，亂政篡權，危害大唐國運。現在奉相王之命，為先帝報仇，捕殺諸韋和一班逆臣，擁立相王以安天下！如有助逆為虐者，罪殺三族。事成之後論功行賞。報效國家、建功立業的時機到了，大家快隨我來！」

這番話得到御林軍將士的回應和支持，李隆基率領眾豪傑與御林軍總兵鐘紹京帶領的三百丁匠，合兵一處，直趨韋后寢宮。韋后見亂，立即向飛騎營逃去。李隆基追上去，親手誅殺了韋后。

李隆基從少年時起就心懷大志，但一直隱忍不發，直到韋后毒殺中宗，時機成熟，他才一鼓作氣地率兵推翻了韋氏政權。他的忍而勃發一擊即中。

忍耐是需要勇氣的：對一個理想或目標全身心的投入，而且要不屈不撓，堅持到底，百折不回。懦弱的人根本做不到。就像白朗寧所說：「有勇氣改變你能夠改變的，願意接受你無法改變的，並且明智地判斷你是否有能力改變。」

當我們在生活中遇到各種困難、挫折，或者機遇不足的時候，不妨也耐心等待一段時間。只要沉住氣，真正的機會總會來到面前的。

目光一定要看得長遠

成功和失敗不是一夜造成的，都是一步一步累積的結果。給自己制訂目標時，要掌握自我而不受控於環境，都得把眼光放遠一些。

把你的目光放遠大些，沒有哪個人或企業是因為短視而成功的。

本田宗一郎創辦本田（Honda）汽車公司的過程，證明了這一點。一九三八年，本田還是一名學生時，就變賣了所有家當，全心投入研究組裝心目中所認為理想的汽車活塞環。他夜以繼日地工作，與油污為伍。累了，倒頭就睡在工廠裡。一心一意期望早日把產品裝造出來，以賣給豐田汽車公司。為了繼續這項工作，他甚至變賣妻子的首飾，最後，產品終於研製出來了，並送到豐田去，但是被認為品質不合格而退了回來。為了求取更多的知識，本田回學校苦修兩年，這期間，經常為了自己的設計而被老師或同學嘲笑，被認為不切實際。

但是，本田無視於這一切痛苦，仍然咬緊牙關朝目標前進，終於在兩年之後取得了豐田公司的購買合約，完成他長久以來的心願。此後一切並不就一帆風順，他又碰上了新問題。當時因為日本政府發起第二次世界大戰，一切物資吃緊，禁賣水泥給他建造工廠。

本田是否就此放手了呢？沒有。他是否怨天尤人了呢？他是否認為美夢破碎了呢？一點都沒有！相反的，本田決定另謀他途——他和工作夥伴研究出新的水泥製造方法，建好了他們的工廠。戰爭期間，這座工廠遭到美國空軍兩次轟炸，毀掉了大部分的製造設備。本田沒有退縮，他立即召聚了一些工人，去撿拾美軍飛機所丟棄的汽油桶，做為本田工廠製造所需用的材料。在此之後，他們又碰上了地震，毀壞了整個工廠。這時，本田不得不把製造活塞環的技術賣給豐田公司。

本田實在是個了不起的人，他清楚的知道邁向成功該怎麼走，除了要有好的製造技術，還得對所做的事深具信心與毅力，不斷嘗試並多次調整方向，雖然目標還不見蹤影，但他始終不屈不撓。

第二次世界大戰結束後，日本遭逢嚴重的汽油短缺，本田根本無法開著車子出門去買家裡所需的食物。在極度沮喪下，他不得不試著把馬達裝在腳踏車上。他知道如果成功，鄰居們一定會央求他給他們裝部摩托腳踏車。果不其然，他裝了一部又一部，直到手中的馬達都用光了。他想到，何不開一家工廠，專門生產自己發明的摩托車？可惜的是他欠缺資金。

本田下定決心，無論如何都要想出辦法來，最後他決定求助於日本全國一萬八千家腳踏車店。他給每一家腳踏車店用心寫了封言辭懇切的信，告訴他們如何借著他發明的產品，在振興日本經濟上扮演一個角色。結果說服了其中的五千家，湊齊了所需的資金。然而當時他所生產的摩托車既大且笨重，只能賣給少數的摩托車迷。為了擴大市場，本田親自動手把摩托車改得更輕巧，一經推出便贏得滿堂彩，因而獲頒「天皇賞」。隨後他研製的摩托車又外銷到歐美，趕上了戰後的嬰兒消費潮。二十世紀七〇年代，本田公司便開始生產汽車，並獲得佳評。

今天，本田汽車公司在日本及美國共雇有員工超過十萬人，是日本最大的汽車製造公司之一，其在美國的銷售量僅次於豐田。

本田汽車之所以能夠有今天的輝煌，是因為本田先生深知，自己所做的決定或採取的行動，有時候只是應對眼前的暫時局面，然而要想成功，就必須把眼光放遠。

沒有長遠的規畫，只作短期的打算，不僅會蒙受金錢和名譽上的嚴重損失，同時也會賠上時間成本。

從挫折中汲取經驗教訓

在人生的旅途中，誰都難免遭受挫折，誰都難免會遇煩惱。所不同的是，聰明人總是將挫折當做成功的先兆，煩惱自然會減少；失敗者總是將挫折當做人生的不幸，煩惱自然會增多。

沒有人會不勞而獲，在走向成功的道路上，既要付出汗水，還要勇敢面對挫折與失敗。從挫折中汲取教訓，是邁向成功的踏腳石。當我們觀察成功人士時，會發現他們的背景各不相同。那些大公司的經理、政府官員，以及每一行業的知名人士都可能來自清寒之門、破碎家庭、偏僻的鄉村，甚至於貧民窟。這些成功的人，他們都經歷過艱難困苦的階段。

許多年前，一位聰明的老國王召集大臣，讓他們編一本《古今智慧錄》，留傳給子孫。這些大臣工作很長時間，完成了一套十二卷的巨作。國王說太厚，需要濃縮。這些大臣又經過長期的努力，變成了一卷書。然而，國王還嫌太長。於是，這些人把一卷書濃縮為一章，然後縮為一頁，再變為一段，最後變成一句話。聰明的國王看到這句話，顯得很得意。他說：「這是古今智慧的結晶。全國各地的人一旦知道這個真理，我們大部分的問題就可以解決了。」這句話就是：挫折是一筆可貴的財富。

把每一個「失敗」先生拿來跟「平凡」先生以及「成功」先生相比，你會發現，他們各方面（包括年齡、能力、社會背景、國籍以及任何一方面）都很可能相同，只有一個例外，就是對遭遇挫折的反應不同。「失敗」先生跌倒後，就無法爬起來了，他只會倒在地上怨天尤人。「平凡」先生則會跪在地上，準備伺機逃跑，以免再次受到打擊。但是，「成功」先生的反應跟他們不同。他被打倒後，會立即站起來，汲取這次跌倒的寶貴經驗，繼續往前衝刺。

哈佛大學的一位教授把畢業班的一個學生的成績打了個不及格，這件事對那個學生打擊很大。因為他早已做好畢業後的各種計畫，現在不得不取消，真的很難堪。他只有兩條路可走：第一是重修，下年度畢業時才拿到學位。第二是不要學位，一走了之。

在知道自己不及格時，這位學生非常失望，他找這位教授要求通融一下。在知道不能更改後，他向教授大發脾氣。這位教授等待他平靜下來後，對他說：「你說的大部分都很對，確實有許多知名人物幾乎不知道這一科的內容。你將來很可能不用這門知識就能獲得成功，你也可能一輩子都用不到這門課程裡的知識，但是你對這門課的態度卻對你大有影響。」

「你是什麼意思？」學生問道。

教授回答說：「我能不能給你一個建議呢？我知道你相當失望，我了解你的感覺，我也不會怪你。但是請你用積極的態度來面對這件事吧。這一課非常非常重要，如果不由衷地培養積極的心態，根本做不成任何事情。請你記住這個教訓，五年以後就會知道，它是使你收穫最大的一個教訓。」

後來這個學生又重修了這門課，而且成績非常優異。不久，他特地向這位教授致謝，並非常感激那場爭論。

「那次不及格真的使我受益無窮。」他說，「看起來可能有點奇怪，我甚至慶幸那次沒有通過。因為我經歷了挫折，並嘗到了成功的滋味。」

我們都可以化失敗為勝利，從挫折中汲取教訓。

在福特汽車公司工作已三十二年、當了八年總經理、工作一帆風順的艾柯卡（Lee Iacocca），突然間被妒火中燒的大老闆亨利．福特開除而失業了，艾柯卡痛不欲生，他開始喝酒，對自己失去了信心，認為自己要徹底崩潰了。

就在這時，艾柯卡接受了一個新挑戰：應徵到瀕臨破產的克萊斯勒汽車公司出任總經理。憑著他的智慧、膽識和魅力，艾柯卡大刀闊斧地對克萊斯勒進行了整頓、改革，並向政府求援，舌戰國會議員，取得了巨額貸款，重振了企業雄風。在艾柯卡的領導下，克萊斯勒公司在最黑暗的日子裡推出了K型車的計畫，此計畫的成功令克萊斯勒起死回生，成為僅次於通用汽車公司、福特汽車公司的第三大汽車公司。

一九八三年七月十三日，艾柯卡把生平僅有的面額高達八．一三億美元的支票交到銀行代表手裡，至此，克萊斯勒還清了所有債務，而恰恰是五年前的這一天，亨利．福特開除了他。

不管是暫時的挫折還是逆境，只要能把它當做是一種教訓，那麼它就不會在一個人的意識中成為失敗。事實上，在每一種逆境，每一個挫折中，都存在著一個持久性有益的教訓。而且，通常說來，這種教訓是無法以挫折以外的其他方式獲得的。

若每次失敗之後都能有所「領悟」，把每一次失敗當作成功的前奏，那麼就能化消極為積極，變自卑為自信。

目標指引成功之路

我們研究成功者獲得成功的原因時，就會發現，他們每一個人都各有一套明確的目標，都已訂出達到目標的計畫，並且花費最大的心思和付出最大的努力來實現他們的目標。

從貧窮到富有，第一步是最困難的。其中的關鍵，在於你必須了解，所有財富和物質的獲得，都必須先建立清晰且明確的目標。當目標的追求變成一種執著時，你就會發現，你所有的行動都會帶領你朝著這個目標邁進。

3 凡事主動積極正向

一九五三年，美國曾有專家對耶魯大學的畢業生做過這樣一次研究。當時那些畢業生被詢問是否有清楚明確的目標以及實現目標的書面計畫時，結果只有3％的學生有肯定的答覆。二十年後，在一九七三年，重新調查了一下當年接受訪問的人，結果那些有實現目標書面計畫的3％的學生，在財務狀況上遠高於其他97％的學生。雖然這項調查只限於財務方面，但是根據調查人員側面的觀察，似乎那3％的人在幸福及快樂的程度上，也高於其他的人。

這就是設定目標的力量。到達目的地是前進的另一種動力。這是一個真實的例子，它將告訴我們，一個人若是失去了自己的目的地，便會有什麼樣的後果。

目標可以給我們正確的方向、無限的力量，應該把目標放在我們的正前方，當我們碰到問題，遇到瓶頸時，抬頭看看我們的目標，一切就變得簡單，變得容易。如果一個人沒有目標，就只能在人生的旅途上徘徊，永遠到不了任何地方。

要有積極主動的人生態度

主動是一種精神，反映在人的思維、行動以及整體的氣質風貌上。主動，就能廣開人的思維，更大限度地促進人的潛能開發。這個世界很公平，你缺什麼，生活就給你考驗與機會，讓你補什麼，只要你積極主動地思考或行動，你總會在跌跌撞撞中找到一條完善自我、通向成功的路。

積極主動這個詞最早是由著名心理學家維克托・弗蘭克（Viktor E. Frankl）推介給大眾的。而弗蘭克本人就是一個積極主動、永不向困難低頭的典型。

弗蘭克原本是一位受佛洛依德心理學派影響頗深的決定論心理學家，但是，他在納粹集中營裡經歷了一段淒慘的歲月後，開創出了獨具一格的心理學流派。

弗蘭克的父母、妻子、兄弟都死於納粹魔掌，而他本人則在納粹集中營裡受到嚴刑拷打。有一天，他赤身獨處於囚室之中，突然意識到了一種全新的感受——也許，正是集中營裡的惡劣環境讓他猛然警醒：「在任何極端的環境裡，人們總會擁有一種最後的自由，那就是選擇自己的態度的自由。」

弗蘭克的意思是說，在一個人極端痛苦無助的時候，他依然可以自行決定他的人生態度。在最艱苦的歲月裡，弗蘭克選擇了積極向上的態度。他沒有悲觀絕望，反而在腦海中設想，自己獲釋以後該如何站在講臺上，把這一段痛苦的經歷介紹給自己的學生。憑著這種積極、樂觀的思維方式，他在獄中不斷磨練自己的意志，直到自己的心靈超越了牢籠的禁錮，在自由的天地裡任意馳騁。

弗蘭克在獄中發現的思維準則，正是我們每一個追求成功的人所必須具有的人生態度——積極主動。

愈是積極主動，就愈能掌握人生方向，有效管理人生。能夠不斷砥礪自己的人，方懂得如何了解別人，尋求圓滿的解決之道。同理，一個人愈主動，愈獨立，就愈善於與人相處。

在人生的旅途中，你是你自己唯一的司機，千萬不要讓別人駕駛你的生命之車。你要穩穩地坐在司機的位置上，決定自己何時要停、要倒車、要轉彎、要加速、要開車等等。人生的旅途十分短暫，你應該珍惜自己所擁有的選擇和決策的權利，雖然可以參考別人的意見，但千萬不要隨波逐流。

郭去疾，「谷歌（Google）中國公關第一人」。二○○五年九月隨李開複回到中國，以總裁特別助理身分為李開複官司事情立下汗馬功勞，如今負責谷歌中國策略規畫。

郭去疾的人生哲學是：每一扇機遇之門，都有一個守門人。收穫機遇的臨門一腳，在於主動執著地去找這個守門人。當他一九九九年從中國科技大學本科畢業時，收到很多美國一流大學的錄取通知，但是一律沒有獎學金。於是，他開始給這些大學的教授們寫信，希望他們能接受他作為研究助理從而資助。一個月中，他寫了兩百封信，雖然有很多教授感興趣，卻都因為他研究經驗不足而拒絕了。他還嘗試寫信給中國科大的海外校友，希望得到推薦，也沒有結果。一天夜裡，面對電腦裡一封封婉拒的郵件，他一個人在黑暗的實驗室裡失聲痛哭。然而第二天醒來，他決定繼續去敲這扇機遇之門。

幾天之後，他終於收到伊利諾大學一位教授的回信，欣然答應資助。那位教授說，當他到系裡索取郭去疾的資料時，發現系裡正在準備給郭去疾發拒絕信。郭去疾最後說：「我的『叩門之旅』在繼續著，絕大多時候，都無功而返。然而，石沉大海卻不代表徒勞無功，因為一次一次，機會之門這樣被我敲開。一步一步，我得到了微軟（Microsoft）總部工作、到斯丹佛大學讀MBA、到亞馬遜（Amazon）和谷歌工作的機會。」

幾乎所有的成功者都是積極進取的人，人生苦短，唯有積極、主動、努力地拚搏，才能不虛此生。你不能停滯不前，你必須向成功邁進，否則就會淪為失敗者。

年輕人要擁有一顆積極、主動的心，要善於規畫和管理自己的事業，為自己的人生做出重要的抉擇。因為沒有人比你更在乎你自己的事業，沒有什麼東西像積極主動的態度一樣更能體現你自己的獨立人格。

沒有精神支柱就等於沒有靈魂

一個人在困難面前、逆境中，始終能樂觀、堅強，一個人在百般無聊中仍然有期望，那就是因為心中有希望——精神支柱。人有了支撐自己精神的支柱，人就有了寄託，有了工作、學習和生活的動力，甚至在極端的情況下，可以為自己的信仰獻出自己的生命。

團隊精神是企業的靈魂。沒有團隊精神的企業，就是一盤散沙；一個團隊沒有共同的價值觀，就不會有統一的意志、統一的行動，當然就不會有戰鬥力；一個企業沒有靈魂，就不會具有生命的活力。隨著社會競爭的加劇，任何企業都需要一種精神力量和共同的理想目標來凝聚人心，激發企業的生機和活力。一種積極向上、朝氣蓬勃、洋溢著時代氣息的企業精神，對於現代企業是十分重要的。

天上飛行的大雁，在春去秋來的飛行時，總是結隊為伴，隊形一會兒呈「一」字，一會兒呈「人」字。大雁為什麼要編隊飛行呢？原來，大雁編隊飛行能產生一種空氣動力學的作用，大雁編成「人」字隊形飛行，要比具有同樣能量而單獨飛行的大雁多飛七〇％的路程，也就是說，編隊飛行的大雁能夠借用團隊的力量飛得更遠。

大雁的叫聲熱情十足，能給同伴鼓舞，大雁用叫聲鼓勵飛在前面的同伴，使團隊保持前進的信心。當一隻大雁脫隊時，會立刻感到獨自飛行的艱難遲緩，所以會很快回到隊伍中，繼續利用前一隻大雁造成的浮力飛行。

一個隊伍中最辛苦的是領頭雁。當領頭的大雁累了，會退到隊伍的側翼，另一隻大雁會取代它的位置，繼續領飛。當有大雁生病或受傷時，就會有兩隻大雁來協助和照料牠飛行，日夜不停地伴隨它的左右，直到牠康復或死亡，然後牠們再繼續追趕前面的隊伍。

那麼，大雁是憑藉什麼樣的精神支柱，憑藉什麼樣的團隊靈魂，與同伴生死與共、患難相助的呢？答案就是：結隊飛行不但能使它們飛得更遠，也能使牠們相互鼓舞，避免飛行的凶險，即使脫隊了也要趕緊追上，加入牠們的團隊之中。

透過大雁結伴飛行的事例，我們可以得出這樣的結論：無論是企業還是個人，具有精神支柱才有靈魂，才可能有力量。任何一支團隊，成員之間必須團結一致，才能無往而不勝。團隊行動的速度有多快，並不取決於團隊中走得最快的那個人，而是決定於走得最慢的那個人。正如我們所熟悉的「木桶原理」一樣，一個木桶的容量有多少，是由木桶中最短的那塊木板的長度決定的。

精神支柱由個人內心所支配，寄託於不同的人或物，或某精神物質。於是，人會因此產生動力，有衝勁，為達目標去奮鬥，去努力。

第4篇

確立價值把握方向

Instead of Changing Others, Change Yourself

經常進行自我反省

每個人在做事的時候都要持有自我反省、自我修正的態度，並以不斷的追求去實現自己的美好願望。一個善於自我反省的人，往往能夠發現自己的優點和缺點，並能夠揚長避短，發揮自己的最大潛能；而一個不善於自我反省的人，則會一次又一次地犯同一些錯誤，不能很好地發揮自己的能力。

一個人之所以能夠不斷地進步，在於他能夠不斷地自我反省，找到自己的缺點或者做得不好的地方，然後不斷改正，以追求完美的態度去做事，從而取得一個又一個的成功。

英國著名小說家狄更斯（Charles Dickens）的作品是非常出色的。但是，他對自己卻有一個規定，那就是沒有認真檢查過的內容，絕不輕易地讀給公眾聽。每天，狄更斯會把寫好的內容讀一遍，每天去發現問題，然後不斷改正，直到六個月後讀給公眾聽。

與此相同的是，法國小說家巴爾扎克（Honoré de Balzac）也會在寫完小說後，花上一段時間不斷修改，直到最後定稿。這一過程往往需要花費幾個月甚至幾年的時間。正是這種不斷自我反省、自我修正的態度，讓這兩位作家取得了非凡的成就。

事實上，每個人在做事的時候都要持有自我反省、自我修正的態度，並以不斷的追求去實現自己美好的願望。一個善於自我反省的人，往往能夠發現自己的優點和缺點，並能夠揚長避短，發揮自己的最大潛能；而一個不善於自我反省的人，則會一次又一次地犯同一些錯誤，不能很好地發揮自己的能力。

有一位小夥子，大學畢業後進入一家非常普通的公司工作。公司安排新員工從基層做起。其他新員工都在抱怨：「為什麼讓我們做這些無聊的工作？」「做這種平凡的工作會有什麼希望呢？」但這位小夥子卻什麼都沒說，他每天都認認真真地去做每一件主管交待的工作，而且還幫助其他員工去做一些最基礎、最累的工作。

由於他的態度端正，做事情往往更快更好。更難能可貴的是，小夥子是個非常有心的人，他對自己的工作有一個詳細的記錄，做什麼事情出現問題，他都記錄下來。然後，他就很虛心地去請教老員工，由於他的態度和人緣都很好，大家也非常樂於教他。經過一年的磨練，小夥子掌握了基層的全部工作要領，很快，他就被提拔為部門主任；又過了一年，他就成了部門的經理。而與他一起進去的其他員工，卻還在基層抱怨著。

每個人都會做一些平凡的事情，包括平凡的工作。這時候，如果只抱怨他人或環境，他就不可能認真去做這件事，也就不可能取得成功。如果一個人願意把自己放在一個平凡的崗位上，以自我為改變的關鍵，不斷反省自己，找到更好的方法，成功就一定等著他。

著名經濟學家大衛．李嘉圖（David Ricardo）九歲的時候，有一次，父母帶他去商店。大衛在商店的櫥窗裡看到了一雙帶有皮毛的漂亮皮鞋，非常喜歡，就吵著要父母買下來。母親同意了，但是父親不同意，因為這是一雙木頭做的鞋子，不適合孩子穿。

大衛哭鬧著執意要買。父親想了想，就對大衛說：「我可以答應給你買這雙鞋子，但是，你要承諾，買了以後你必須穿這雙鞋子，否則我就不給你買。」大衛想著可以買自己心愛的鞋子，高興的答應了。

誰知，鞋子買回來後，大衛才發現穿起來會「喀噠喀噠」作響，非常不舒服。如果長時間穿這雙鞋子，腳會很累。現在他才知道父親之所以不讓自己買這雙鞋子的原因，自己確實太虛榮了，現在穿這雙鞋子簡直就是受罪。這個時候，大衛深深地意識到自己的虛榮，他甚至願意付出一切代價，只要能不穿這雙鞋子。

聰明的父親看出了大衛的想法，他對大衛說：「孩子，我並不強迫你去穿這雙鞋子，但是，你要學會反省自己，不要讓自己陷入不良思想的陷阱。」

雖然父親沒有強迫大衛再穿這雙鞋子，但是，大衛覺得應該給自己一個警示。於是，大衛把這雙鞋子掛在自己房間裡容易看到的地方，讓它時刻提醒自己不要任性，不要貪圖虛榮。

人應該經常反省自己在做人、行事、學習、工作、人際上有哪些問題，哪些做錯了，哪些做對了。錯則改之，對則勉之。人如同一塊天然礦石，需要不斷地用刀去雕琢，把身上的污垢去掉。雖然經歷痛楚，但雕琢後的礦石才能更光彩照人、身價百倍。因此，反省自我即是最好的方法。

只有反省的人，才知道這一天錯在哪裡，對在哪裡，錯的立即改正，正確的繼續發揚，這樣持之以恆地堅持下去，才會自然而然地減少缺點，發揚自己的優點。

機會來時絕不能放過

一個人在漫長的成長經歷中，是否能適應社會，是否能更好地生存，很大程度上取決於他是否善於抓住機遇。其實我們每個人都會遇到許許多多的機會，就看你自己能不能很好地抓住機會、把握機會。

培根說過：「機會老人先給你送上他的頭髮，如果你沒抓住，再抓就只能碰到他的禿頭了。」機不可失，時不再來，這是一個淺顯而深刻的道理。

一八五六年，南北戰爭結束，上天賦予了卡內基（Andrew Carnegie）絕好的機會，他預料到在戰爭結束之後，經濟復甦必然降臨時，經濟建設對於鋼鐵的需求量便會與日俱增。

於是，卡內基義無反顧地辭去鐵路部門報酬豐厚的工作，合併由他主持的兩大公司——都市鋼鐵公司和獨眼巨人鋼鐵公司，創立了聯合鋼鐵公司。同時讓弟弟湯姆創立匹茲堡火車頭製造公司和經營蘇比略鐵礦。

卡內基認為，美洲大陸現在是鋼鐵時代、鐵路時代，需要建造鐵路、火車頭和鋼軌。於是卡內基開始進攻了。他在聯合製鐵廠矗立了當時世界最大的一座高二十二・五公尺的熔礦爐，聘請化學專家駐廠，檢驗買進的礦石、龍石和焦炭的品質，使產品、零件及原材料的檢驗系統化。卡內基的努力令許多人過去的擔心成為「杞人憂天」。

一八七三年，經濟大蕭條不期而來，銀行倒閉，證券交易所關門，各地的鐵路工程支付款突然被中斷，現場施工戛然而止，鐵礦山及煤山相繼歇業，匹茲堡的爐火也熄滅了。

卡內基斷言：只有在經濟蕭條的年代，才能以便宜的價格買到鋼鐵廠的建材，工資也相對便宜。這時，其他鋼鐵公司相繼倒閉，向鋼鐵挑戰的東部企業家也已鳴金收兵，這正是千載難逢的好機會，絕對不可以失之交臂。於是卡內基走進股東摩根的辦公室，談出了打算建造一個鋼鐵廠的計畫，這個反常的做法，使其贏得了巨大的利潤。

一八九〇年，卡內基兄弟公司吞併了狄克鋼鐵公司之後，一舉將資金增到兩千五百萬美元，取名為卡內基鋼鐵公司，隨後又更名為VS鋼鐵企業集團，建立了卡內基鋼鐵王國。

機會總是會出現的，當機會出現時，一個人能否成功，關鍵在於你有沒有敏銳的眼光，能不能及時抓住它。

如果退縮了、放棄了，便會使事情半途而廢，把機遇白白浪費掉，其結果顯而易見，在未來社會中即便不被淘汰，也註定是碌碌無為之輩。

把危機當做契機

當我們處於危機中，就要做出選擇。一種選擇是被危機事件帶來的創傷擊敗，停滯不前，任由困境控制，將我們捲入痛苦的旋渦中；另外一種選擇就是將危機視為契機，將其視作新的動力挖掘自己的潛能。

在人生的道路上，總是有許多不可預測的危機潛伏在我們的身邊。面對危機，不管你怕也好，不怕也好，它總會在你意想不到的時候悄悄降臨。其實，外界的危機並不是最可怕的，可怕的是我們對這種危機的麻木不仁和茫然無知，這使得我們在已經開始走下坡路的時候還陶醉於以往的一點點成績，當危機臨頭時已喪失了對抗風險的能力。

古時候，有位年輕人想向大哲學家蘇格拉底求教成功之道。蘇格拉底聽後，一言不發，帶著他走到一條河邊，突然用力把他推到了河裡。年輕人起先以為蘇格拉底在跟他開玩笑，並不在意。結果蘇格拉底也跳到水裡，並且拚命地把他往水底按。這下子，年輕人真的慌了，求生的本能令他拚盡全力將蘇格拉底推開，爬到岸上。

年輕人不解地問蘇格拉底為什麼要這樣做，蘇格拉底回答道：「我只想告訴你，做什麼事業都必須有絕處求生那麼大的決心，才能無往而不勝。」

現代社會競爭激烈，各種各樣的危機遍布在我們的身邊。當你面對危機和險境時，不要把它想像成不可克服的障礙，也不要被危機嚇倒。因為，危機和困難也許只是一時的，只要你勇於面對，敢於突破，危機也就迎刃而解。

有人曾經問一個在大海中與風浪搏擊了一輩子的老船長：「如果你的船行駛在海面上，透過氣象報告，預知前方海面，有一個巨大的暴風圈，正迎向你的船而來。請問，以你的經驗，你將會如何處置呢？」

老船長微笑著向發問的人說：「如果是你，你又會如何處置呢？」

第一個問他的人偏著頭想了想，回答道：「返航，將船頭掉轉一百八十度，遠離暴風圈。這樣應該是最安全的方法吧？」

老船長搖了搖頭道：「不行，當你掉頭返航，暴風圈還是迎向你的船。你這麼做，反而將你的船跟暴風圈接觸的時間延長了許多，這是非常危險的。」

另外一人接著道：「如果將船頭向左或向右轉九十度，試著脫離暴風圈的威脅呢？」

老船長仍是搖搖頭，微笑道：「還是不行，如果這樣做，將會使船身的整個側面暴露在暴風雨的肆虐之下，增加與暴風圈接觸的面積，結果也是更加危險。」

眾人不解，問道：「如果這些方法都不行，那究竟應該怎麼做呢？」

老船長點頭肯定地道：「只有一個方法，那就是抓穩你的舵輪，讓你的船頭不偏不倚地迎向暴風圈前去。唯有這樣做，才既可以將與暴風圈接觸的面積化為最小，同時，因為你的船與暴風圈彼此的相對速度組合在一起，還可以減少與暴風圈接觸的時間。你將會發現，很快地，你已經安然衝過暴風圈，迎接另一片充滿陽光的蔚藍晴空。」

眾人聽到這裡，一陣沉寂之後，不禁為老船長在面對危機時敢於突破，勇於衝刺的精神深深折服，響起了經久不息的掌聲。

由此可見，最危險的做法也許是最安全的做法。這好比一個人陷入絕境的時候，一定不能絕望。古往今來，那些在各個領域取得非常成就的人，往往都是在最無助、最倒楣的時候，勇於開闢新的途徑，尋找新的機會，最終取得了成功。因為，人的潛能只有在最危難、最艱辛的時候，才能得到最大程度的發揮。

美國康乃爾大學曾經做過一個有名的「青蛙試驗」。試驗人員把一隻健壯的青蛙放入熱水鍋中，青蛙馬上就感到了危險，拚命一縱便跳出了水鍋。試驗人員又把該青蛙投入冷水鍋中，然後開始慢慢加熱水鍋。開始時，青蛙自然悠哉，毫無戒備。一段時間以後，鍋裡水的溫度逐漸升高，而青蛙在緩慢的變化中卻沒有感受到危險，最後，一隻活蹦亂跳的健壯的青蛙竟活活的給煮死了。

青蛙沒有死於沸水而死於溫水的試驗，說明了在一種漸變的環境中，即使你已經很成功，已經很強大，但如果不能保持清醒的頭腦和敏銳的感知力且對新變化做出快速的反應，而是貪圖享受，安逸於成功的現狀，那麼當你感覺到環境的變化已經使得自己不得不有所行動時，你也許會發現，行動的最佳時機早已錯過了，等待你的只是遺憾和無法估計的損失。

面對危機，是驚惶失措，還是積極化解，往往是事業成敗的關鍵。因為，危機與契機是緊密相連的，只要處置得當，危機也可以轉化為契機，並由此而走向輝煌。

別在名利場中迷失自己

人的一生常被名利所束縛。名利對於人，實用的少，更多的是一種心理上的安慰，一種對自己的價值的確認。因此，名利只不過是一個人所賺到的身價而已，人總是透過名利來標明自己價值的高低。

一個人如果沒有了名利，便常常對自己的價值產生懷疑，對自己在世上的價值失去信心。因此，為追求名利，很多人都不惜終身求索，使名利的繩索最後變成了人生的絞索，斷送了人生所有的快樂與歡笑。

陳敬仲是春秋時陳國國君陳厲公的兒子。因為當時統治秩序和社會倫理道德異常混亂，陳敬仲只得帶著家人逃到了齊國。

齊國的國君齊桓公是「春秋五霸」之首，他打著「尊王攘夷」的旗號，聯合諸侯抵擋北面山戎和南面荊楚的進攻，保護中原地區的許多中小國家。他很注重任用人才，不計前嫌，重用管仲治國，已成了婦孺皆知的佳話。

齊桓公早就聽說陳敬仲德才兼備，在陳國很有聲望，很想與他會面，只是苦於沒有機會。陳敬仲剛到齊國，齊桓公便迫不及待地接見了他。一席交談，齊桓公頓生相見恨晚的感覺，他立即決定讓陳敬仲做卿。

卿在當時是一種高官，一般是不輕易讓別國的人做的，能做齊國的卿，是許多人夢寐以求的美事。陳敬仲恭敬地向齊桓公行了一禮，辭謝道：「我在陳國被逼得無棲身之所，只好逃到貴國來寄居。如果承蒙您的恩典，讓我有幸能在您的寬厚的政教下生活，就心滿意足了。我本是個不明事理，沒有什麼才能的人，您不責怪我，我已感恩不盡，哪敢貪圖富貴，巴望做卿那樣的高官呢？況且，讓我這樣一個客居貴國的無能的人做官，一定會招致人們對您的非議，我又怎能給您添麻煩呢？這件事萬萬不可。」

齊桓公見他再三推辭，情真意切，也就沒有再難為他，而是讓他做了「工正」管理各種工匠。

陳敬仲做了「工正」後，表現得很出色，齊桓公對他的才能更加賞識，經常與他一起討論國事，他們之間的關係也日益親密。

有一天，陳敬仲請齊桓公到家中喝酒。齊桓公興沖沖的帶著隨從人員來到陳敬仲家中，酒席已擺好在庭院中了。這天風和日麗，加上庭院中景色雅致，布置得體，齊桓公一見，早將那些煩人的政務拋到了腦後，忍不住開懷暢飲。

席間，齊桓公與陳敬仲一起評古論今，臧否人物，愈說愈投機。說到高興處，情不自禁地相視哈哈大笑；談到氣憤處，不免要摩拳擦掌、扼腕長嘆。

俗話說：「酒逢知己千杯少。」齊桓公的酒量本已不小，加上遇上陳敬仲這樣一個知己，更是海量了。左一杯，右一杯，一直喝到太陽落山，齊桓公已有幾分醉意。但他仍覺得沒有盡興，吩咐左右：「趕快點上燈火，我要與陳大夫再喝幾杯。」

陳敬仲趕緊站起來，恭恭敬敬地說：「不能再喝了！我只想白天請您喝酒，晚上就不敢奉陪了！」

齊桓公感到有點失望，臉上露出不高興的神情，說：「我與你正喝到興頭上，你怎麼能掃我的興呢？」

陳敬仲誠惶誠恐的解釋道：「酒宴是一種禮儀性的活動，只能適可而止，不能過度。如果您因為跟我喝酒而沒把握住分寸，遭到別人的指責，我怎麼能逃罪責呢？所以，請您原諒，我實在不能執行您的命令。」齊桓公一想也有道理，便不再堅持了。

陳敬仲確實是一個避禍保身有道的明智君子。如果他不這樣做，貿然接受了高官厚祿或和桓公飲酒過度，誰又能保證他的上司有朝一日不拿他開刀問斬呢？

促使人追求進取的是金錢名利，阻礙人向前邁進的是金錢名利，使人墜入萬丈深淵的也是金錢名利。所以，人生在世，千萬不要把金錢名利看得太重，只有這樣，方能超然物外，活得輕鬆快樂。

成功需要抓緊機遇

有人說得好：「如果你能像發現別人的缺點一樣，快速地發現機遇的話，那你就能很快成功。」

成功需要機遇，機遇卻不是常常降臨，它像鳳毛麟角，稀罕至極。翻開人類奮鬥的史冊，我們可以看到，有的人因為抓住了機遇而「柳暗花明又一村」，摘取了成功的桂冠；有的人因為與機遇擦肩而過而「山窮水盡疑無路」。錯過機遇常令人抱憾終生。

周朝時候有這樣一個故事：

有一位老先生，一輩子孜孜不倦地追求和勤奮努力，但是他一直沒有碰上被提拔做官的機會。後來，他到了白髮蒼蒼的晚年，想起自己年事已高錯過了做官的好時機，便站在路旁哭泣。路人得知他傷心的原因後就問：「你為什麼一次都沒有被提拔呢？」老先生邊流淚邊回答：「我年輕時學習做文官，文官方面的修養已經具備，剛要準備做官時，皇帝卻喜歡任用老年人。後來，皇帝死了，後主又喜歡用武將，我只好改學武官，當武官的標準基本達到時，後主又死了。少主剛剛即位，就又歡喜年輕人，可我的年齡又老了。所以，我一次都沒有碰到被提拔任用做官的機遇啊！」

從這個老人「年老白首，泣涕於途」的故事可以看出，一個人，無論你多麼勤奮，多麼有才華本領，如果不把握好機遇就難有成功。「過了這個村，沒有這個店。」這句古話道出了把握住機遇的必要性和緊迫性。老人因為只能跟在形勢的後面亦趨，只會等

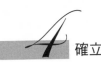

待機遇又總是浪費掉機遇，所以他無法以自己的才華和努力改變命運。

蘇珊・海渥（Susan Hayward）長得漂亮，她的青年時代，正是好萊塢的主要製片公司發展的全盛時期。她像其他頂尖的童星一樣，當年懷著成為好萊塢電影明星的夢想，當上了臨時演員。在進入好萊塢的最初幾個月中，面對的不是攝影機而是照相機。她穿著泳裝，日復一日地擺弄出千姿百態，為廣告當模特兒。她那充滿魅力的微笑，隨著報紙雜誌的廣告傳遍五洲四海。

然而蘇珊一直得不到當演員的機會，當她詢問老闆時，得到的回答總是：「耐心地等一等，總有一天會推薦你的。」

有一次，機會突然來了。一九三八年，派拉蒙公司在洛杉磯舉行全國性的影片銷售會。蘇珊接到旅館舞廳的通知。舞廳裡來了很多電影院的老闆和來自各州的商人。影星們進入舞廳之前，派拉蒙公司對自己的影片已進行過大肆宣傳。

影星們一個接一個與觀眾見面。當蘇珊出場時，會場上發出了一片歡呼。她此前還沒意識到這是一次機會。她面對觀眾，像對老朋友們一樣微笑著說：「我知道你們都認識我，你們之中有誰見過我的照片？」台下立即有許許多多的人舉起了手。

「有人看過我在電影裡的表演嗎？」沒有人舉手，只有笑聲。

蘇珊趁熱打鐵，發問道：「你們願意看我在電影中的表演嗎？」會場上響起了雷鳴般的掌聲，代替了回答。

蘇珊這一計即興拈來，大獲全勝，於是她說：「那麼，諸位願意捎個話給製片公司嗎？」

這是一次民意測驗，那麼多觀眾的代表想看蘇珊在電影中的樣子，製片公司的老闆得到這一民意測驗的結果，完全可以判斷，如果請蘇珊出演影片，該片一定大賣。於是蘇珊不久之後便受邀出演，上了銀幕，並且成了大明星。並在《我要活下去》（I Want to Live）中扮演了主角，使她榮獲了奧斯卡金獎。

難道你不承認蘇珊是一個善於抓住機會、一舉成名的高手嗎？不但成名需要抓住機遇，賺錢也不例外。機遇是名，機遇也是利。能不能獲得名利，就要看你善不善於抓住機遇了。

當然，要抓住機遇，獲得成功，必須善於利用他人的成果，進行創造性的勞動；也要經常總結反省個人的經驗和教訓，發揮自己的想像力和創造力。

關鍵時候要有魄力

機會到來的時候，要及時把握，不然機會一旦失去，再想尋找機會就難上加難了。因此，關鍵時刻一個人的表現，往往決定了事情的成敗。在這個時候，不能退縮，不能無主見，而要敢於拍板，表現出非凡的魄力和決策能力。一個人善於當機立斷，才能在複雜多變的情況下，應付自如。

艾森豪就是在緊急關頭善於當機立斷，取得成功的典範。美國第三十四任總統、五星上將艾森豪，一九四四年六月六日在諾曼地登陸前夜，表現出了非凡的當機立斷的魄力，使諾曼地登陸戰役取得輝煌勝利，從而扭轉了整個戰局，沉重地打擊法西斯勢力。

現實生活中，我們常常會遇到一些不確定、有風險的事情，這就要求你有敢想敢做、敢冒風險的精神和當機立斷的拍板魄力。「當斷不斷，必受其亂」。盤算是不能一拖再拖的，它需要在有效的時間地點內完成。否則，正確的盤算一旦錯過了時機，就會鑄成錯誤。

華裔電腦名人王安博士，聲稱影響他一生的最大教訓，發生在他六歲之時。

有一天，王安在外面撿了一隻小麻雀，他很喜歡，決定把牠帶回去餵養。王安回到家，走到門口，忽然想起媽媽不允許他在家裡養小動物。所以，他輕輕地把小麻雀放在門後，匆忙走進室內，請求媽媽的允許。在他的苦苦哀求下，媽媽破例答應了兒子的請求。不料，等王安出去時，小麻雀已經被一隻貓吃了。

王安為此傷心了好久，並由此得到了一個很大的教訓：只要是自己認為對的事情，絕不可優柔寡斷，必須馬上付諸行動。不能做決定的人，固然沒有做錯事的機會，但也失去了成功的機會。

現代社會是資訊社會，資訊瞬息萬變，機會稍縱即逝，尤其是在實行市場經濟的今天，市場形勢變化多端，就更需要我們善於抓住機遇，當機立斷，取得成功。但是當機立斷不等於盲目衝動地喊打喊殺。正確的分析、判斷才是當機「拍板」的首要條件。

面對決策時，不能當機立斷，是很危險的。你認為有價值的、對自己有利的，就要快刀斬亂麻的決定並付諸行動。反之，就乾脆不做，不要優柔寡斷。

行事要有果斷的個性

在形勢突然變化的情況下，優柔寡斷者，一旦形勢發生劇烈變化時就驚惶失措，無所適從。而果斷的個性可以使我們能夠很快的分析形勢，當機立斷，不失時機的對計畫、方法、策略等等做出正確的改變，使其能迅速地適應變化了的情況。

卡內基（Andrew Carnegie）是世界著名的「鋼鐵大王」和億萬富翁，是美國近代企業史上最有影響的人物之一。他是這樣一位成功的創業者：以自己非凡的天賦、聰明才智和果斷的個性，使自己的事業從小變大，由弱變強，最後建成了一個龐大的產業王國。

卡內基一八三五年出生於英格蘭的登弗梅林，一八四八年，隨父母移居美國。從十三歲起，他開始為生活而奔波，曾經當過電報公司的信差，做過鐵路公司的秘書等工作。一八七二年，卡內基開始創辦鋼鐵廠，並很快發達起來成為擁有億萬資產的鋼鐵巨富。

一八六〇年前後，卡內基在賓州鐵路公司西段任職秘書，開始做股票投資。由於他審時度勢，抓住機遇，借了六百美元當了股東，三年內竟獲得五百萬美元的現金紅利，這是卡內基獲得的第一次成功，是他發財的開始。

一天，賓州鐵路西部管理局局長斯考特先生突然問卡內基：「喂，卡內基，你能籌集到五百美元嗎？」卡內基面露難色，十分尷尬。因為他父親剛剛過世，為支付喪葬費、醫療費，他全部的積蓄僅剩五十美元。斯考特見他困窘的樣子，便說：「我的一位朋友過世後，他太太將遺產的股份賣給了友人的女兒，現在這位女子急需用錢，想轉讓股份，是亞當斯快捷公司的十股股票，恰好五百美元。紅利是一股一美元……」

「這麼大一筆錢，我實在是籌集不出來。」卡內基一臉無奈的樣子。

「那好，我先替你墊上，無論如何也要把它買下來。」斯考特先生堅持讓卡內基一定要做成這筆生意。

第二天，斯考特先生卻猶豫起來，他問卡內基：「對不起，人家非六百美元不賣。還要嗎？」

卡內基卻一反昨日的猶豫，堅定地說：「要。我一定要，請代我先付六百美元。」由於斯考特先生昨天對他的堅決支持，使他的自信心堅定起來，毅然決定去拚一把。

於是，卡內基用借據和股票做擔保寫了一張六百美元的借據，半年利息十美元，交給了斯考特先生。

半年後，卡內基母子倆節衣縮食、向親戚高利借款，以房子為抵押品，千方百計總算還清了所借的債款。不久，一封裝有十美元紅利支票的信寄到卡內基手中，他把它交給斯考特先生做為利息。

又一個偶然的機會，一位叫做伍德拉夫的設計師找到卡內基。他設計發明了一輛臥鋪車的模型。這種臥鋪車可方便旅客夜間旅行，構思奇特新穎，在當時是比較先進的客車車型。卡內基把他請到斯考特的辦公室。斯考特看到伍德拉夫設計的臥鋪車模型，非常感興趣，為其巧妙的構思所吸引，當即雙方達成了協定。

伍德拉夫說：「如果你們準備製造，請付給我設計費和專利使用費。」斯考特爽快地答應了他的要求：「好的，請快點製造出兩節來看看。」

走出了斯考特辦公室，伍德拉夫遊說卡內基說：「卡內基先生，有沒有意思合夥做這筆生意，我打算開一家臥鋪車車廂製造公司，你出八分之一的資金……要您馬上拿出八分之一的資金，或許有些困難。第一次只要您付兩百一十七美元，第二年再按同額的比例付款。也就是說，隨著訂貨的擴大，再增加投資金額……」

卡內基非常想試試，心裡充滿了想做一番事業的衝動。他立即走訪了匹茲堡的銀行，申貸資金。銀行對他的計畫很感興趣，那位銀行家對他說：「那是值得投資的事業，我願意借你。將來若是賺了大錢，要存入我的銀行啊！」

試著投入生產後，臥鋪車廂的訂貨單非常多，許多鐵路公司對新車型給與極大評價。卡內基這次投資獲得成功，他投資的兩百餘美元，一年之間的紅利不下五千美元。

卡內基後來被提升為匹茲堡管理局長，他與創辦匹茲堡鐵路工廠的柯爾曼出四萬美元買下了斯陶利農場。這是一個盛產石油的地方。他雇用馬車拉油桶，用於底船行駛於阿勒格尼河不停地運送石油，建立了儲存槽，大量存油，等市場油價上漲時高價賣出。一年後，卡內基分到一百萬美元的現金紅利，三年後達到五百萬美元。

卡內基以六百美元買下的股份，三年後，他就成為擁資五百萬美元的富翁。他的出色才能與非凡的能力，使他日後的事業如日中天，步步走向輝煌。

卡內基沒有滿足自己暫時的成功，他有更高的目標去追求。二十九歲的卡內基把目光投向了鋼鐵業。「美洲大陸現在是鐵路時代、鋼鐵時代，需要建造鐵橋、火車頭和鋼軌，鋼鐵是一本萬利的。」卡內基準確地預見了鋼鐵業發展的大好前景，他毅然辭去了賓州鐵路公司的職務，帶著如何實現自己理想的思考，渡過大西洋到倫敦考察。這是他事業上的一次飛躍，他買下了道茲工程師兄弟的鋼鐵製造的專利。

隨著經濟的迅速發展，對鋼鐵的需求大增，卡內基抓住良機，全力以赴地做起來，向鋼鐵業投入了全部的精力。他又一次獲得了成功。

卡內基把全部股票換成現金，投入鋼鐵工業。

經濟形勢的發展正像卡內基預測的一樣，軍火、鐵路各方面對鋼鐵的需求愈來愈大。半年過去了，他的資金翻了幾倍，公司在鋼鐵市場占據著舉足輕重的地位。他成了美國的大富翁之一。

平時注意養成乾脆俐落、斬釘截鐵的行為習慣，有助於培育果斷的個性。無論什麼事情，不行就是不行，要做就堅決去做。生活中不少事情確實既可以這樣又可以那樣，這時，就必須當機立斷。否則，連日常的生活瑣事都不能乾脆處理，你又怎能夠培養果斷的性格呢？

果斷是人生的一張關鍵牌，所以做人做事不要瞻前顧後，否則你將失去許多好的機會。愛拚才會贏，如果你決定了要做一件事，就果斷地邁出新的一步。

不輕易放過任何一個機會

人貴有恆。尋求機會要求的是，能自始至終對機會抱著高度的敏感性。不能一時緊，一時鬆，要善於抓住眼前的機會，切莫讓機會擦肩而過。確實，機會是一閃而過的，如果抓不住就等於錯失成功機會。而只要積極努力，靈活機智，就一定能夠輕而易舉地走在他人前面。

在人們眼裡，成功的路總是在那遙遠的地方。其實，夢想愈遙不可及，就愈能激發人們去追求它。這就需求你具有一雙睿智的慧眼，善於從那些匆匆而去的人們腳下，找到一塊藏有黃金的寶地，並在那裡開始自己的創業。

一九一九年，希爾頓（Conrad Hilton）來到了當時因發現石油而興盛的德州，那裡雲集著大批來發石油財的冒險家們。德州似乎遍地都是黃金。希爾頓迫不及待地連續跑了幾個城鎮，問了十幾家銀行，回答都是不賣。他碰了一鼻子灰，卻並未因此氣餒，他又來到第三個城鎮——錫斯科。

錫斯科這片熱情的土地擁抱了希爾頓。他剛下火車，走進當地第一家銀行，一問，就被告知它正待出售。賣主不住這兒，要價是七・五萬美元。希爾頓一陣狂喜：價格公道！他立即給賣主發了份電報，願按其要價買進這家銀行。

然而，過不多久，賣主在回電中卻將售價漲至八萬美元。希爾頓氣得火冒三丈，當即決定徹底放棄當銀行家的念頭。他後來回憶道：「就這樣，那封回電改變了我一生的命運。」

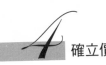

在碰壁之後，希爾頓餘怒未消的來到馬路對面的一家名為「莫布利」的旅館準備投宿，誰知已經客滿了。

看到一個先生在清理驅趕人群，他忽然靈機一動地問：「你是這家旅館的工人嗎？」對方卻訴起苦來：「是的。我就是陷在這裡不能自拔了。我賺不到什麼錢，不如抽資金到油田去賺更多的錢。」，「你的意思是……」希爾頓心中猛地一喜，壓抑住自己的興奮，故意慢條斯理地問，「這家旅館準備出售？」，「任何人出五萬美元，今晚就可以擁有這兒的一切。」

三個小時後，希爾頓在仔細查閱莫布利旅館帳簿的基礎上，經過一番討價還價，賣主最後同意以四萬美元出售。這以後，希爾頓立即四處籌借現金，終於在期限截止前幾分鐘將錢全部送到。莫布利旅館易了主，希爾頓做起了旅館業。他隨即給母親打電報報喜：「新世界已經找到，錫斯科可謂水深港闊，第一艘大船已在此下水。」

當天晚上，莫布利旅館全部客滿，連希爾頓的床也讓給客人住下了。他只好睡在辦公室裡。夜裡，他做了一個夢，夢見德州鑲嵌著一連串的希爾頓飯店。經過一番努力，這位未來的「旅館大王」，成功地寫下了他的發跡史的第一頁。

希爾頓的成功印證了那一條經典原則：不輕易放過任何一個機會，就擁有了成功的秘訣。

上天對於每個人都是公平的，機會不會太過於青睞誰，但如果你不懂得把握機會，那機會就會與你失之交臂。

成為領域中的藍海先鋒

敏銳地發現人們沒有注意到或未予重視的某個領域中的空白、冷門處或薄弱環節，需要有「慧眼」，而後來者也需要站得更高，看得更遠，這需要的是對已知的不滿足和對未知的強烈好奇。

有些人看起來並不是那種上帝安排的天才，他們起初並不見得就比其他人聰明很多，能幹很多。而他們後來之所以能成為智者，很大程度上在於他們會想、會做。

在幾千年的文明進程中，已經湧現出很多的巨人，他們為人類創造了許多燦爛和輝煌的業績。他們猶如一座座歷史的豐碑，昭示旁人無法望其項背的高度。

卡爾森（Chester F. Carlson）是加州大學物理系的畢業生，畢業後在美國一家公司任職。因他常見到公司的同事在影印的過程中，時間占用過多，勞力成本很大，本該輕鬆完成的工作，卻成了令人頭痛的麻煩事，便想改進一下影印方式。他做了很多的實驗，但卻沒有成功。

後來，卡爾森改變了做法，暫時停止了實驗，而用大部分的業餘時間鑽進紐約的圖書館，專門查閱有關影印方面的發明專利和文獻資料。經過一段時間的仔細查找，他意外的發現，以往進行的影印，都是利用化學效應來完成的，還沒有人涉足到光電領域。利用光電效應，從理論上講，效率要高得多。顯然，這是影印研究開發中的一大缺陷。於是，卡爾森瞄準這一缺陷開始進行大量的實驗，將光電效應和靜電原理相結合，終於取得了成功。

世界著名物理學家李政道，在一次聽演講後，知道非線性方程有一種叫孤子（solition）的解。他為了徹底弄清這個問題，找來了幾乎所有關於孤子理論的資料，然後這位大名鼎鼎的物理學家關起門來，專心致志的研究了一個多星期，找別人在這方面研究中存在的缺陷和弱點。

後來，他發現所有的文獻都只是研究一度空間中的孤子，而在他所熟知的物理學中，意義更廣泛的是三度空間。這是一個不小的缺陷和漏洞。對此，李政道經過幾個月的深入研究，提出了一種新的孤子理論，並用這套理論處理三度空間的某些亞原子過程，終於取得了許多豐碩的成果。

李政道深有感觸地說：「你如果想在研究工作中趕上、超過別人，你一定要摸清在別人的工作裡，哪些地方是他們的缺陷。看準了這一點，鑽下去，一旦有所突破，你就能超過人家，跑到前頭去了。」

因此，「乘虛而入」不是拾人牙慧，嚼人家吃過的飯，而是站在巨人的肩上，找對解決問題的切入點，有所發明和創造。矮子站在巨人的肩上，會比巨人看得遠，更何況聰慧過人的你呢？人類生存的意義在於創造，這也是一個有智慧的人的極大樂趣。

把他人的成果進行歸類，發現他們忽略的冷門處，瞄準知識鏈條上某個薄弱環節，抓住前人因種種原因放棄或疏漏的項目，以此為進攻的突破點，乘虛而入，最後一定能夠取得成功。

做事需要懂得變通

走路如果遇到「障礙」，不能再往前走了，此時，便需要求變。俗話說：窮則變，變則通。只有「變」才是真理，變則可以柳暗花明，找到衝破障礙的突破點。

我們做事取勝的辦法不能一成不變，即便過去是奏效的辦法，也不能永遠使用，必然隨著時間、地點、條件的變化而變化，這就要懂得變通的道理。而古今成大事者，無不以此達成人生夢想。

一九七三年，英國利物浦市一個叫科萊特的青年，考入了美國哈佛大學。常和他坐在一起聽課的是一位十八歲的美國小夥子。大學二年級那年，這位小夥子和科萊特商議，一起退學，去開發財務軟體。因為新編教程中，已解決了進位制路徑轉換問題。

當時，科萊特感到非常驚訝。因為他來這裡是求學的，不是鬧著玩的，再說BIT系統，默爾博士才教了點皮毛，要開發BIT財務軟體，不學完大學的全部課程是不可能成功的。他委婉的拒絕了那位小夥子的邀請。

十年後，科萊特成為哈佛大學電腦BIT方面的博士研究生，那位退學的小夥子也是在這一年進入美國〈富比士〉雜誌億萬富豪排行榜。到一九九五年，科萊特經過攻讀取得博士後之後，他認為自己已具備了足夠的學識，可以開發BIT財務軟體了，而那位小夥子則已繞過BIT系統，開發出EIP財務軟體，它比BIT軟體快一千五百倍，並且在兩周內占領了全球市場。這一年，他成了世界首富，一個代表成功和財富的名字——比爾・蓋茲（Bill Gates），也隨之傳遍世界的每一個角落。

比爾・蓋茲正因為懂得依情勢而變通，才能成就一番事業。而科萊特卻因為始終一味執著追求規則、傳統而落後了。難道比爾・蓋茲不是在學習嗎？他是在時間中獲得新知而達到了更高的目的。

現實生活中，不管處理任何事情，都要靈活應變。此招不行，趕快換招，否則，即使你用盡了力氣，恐怕也難達到目的。

變通是為了達到自己要的結果而採取的中間策略，這就需要有冷靜的頭腦，敏銳的判斷和豐富的觀察能力，才能撥開迷霧找到那條最合適有效的辦法。

第 5 篇

群體生活需要溝通

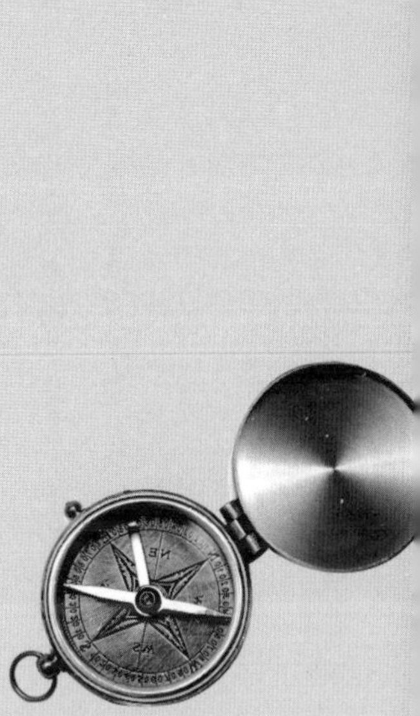

Instead
of Changing Others,
Change Yourself

社會互動需要學習

很多人都說：養成好習慣較難，而陷入壞習慣很容易。但也並非一定如此，主要還是看一個人的毅力而定。事實上，習慣就是習慣，並沒有合理的推論說明養成好習慣比養成壞習慣要難。

成功源於良好的習慣，好的習慣是成功的階梯。一個人要想在事業上取得成功，就必須養成良好的習慣。

一九七八年，七十五位諾貝爾獎獲得者在巴黎聚會。有人問其中一位：「你在哪所大學、哪所實驗室裡學到了你認為最重要的東西呢？」

出人意料，這位白髮蒼蒼的學者回答說：「是在幼稚園。」

又問：「在幼稚園裡學到了什麼呢？」

學者答：「把自己的東西分一半給小朋友們；不是自己的東西不要拿；東西要放整齊；飯前要洗手；午飯後要休息；做了錯事要表示歉意；學習要多思考，要仔細觀察大自然。從根本上說，我學到的全部東西就是這些。」

這位學者的回答，代表了與會科學家的普遍看法：成功源於良好的習慣。

俄國教育家烏申斯基（Konstantin Ushinsky）說：「良好的習慣乃是人在神經系統中存放的道德資本，這個資本不斷地增值，而人在其一生中享受著它的利息。」

不要與人太計較

「水至清則無魚，人至察則無友」，做人不能太計較，這正是有人活得瀟灑，有人活得太累的原因之所在。

做人固然不能玩世不恭、遊戲人生，但也不能太計較，死腦筋。太認真了，就會對什麼都看不慣，連一個朋友都容不下，把自己和社會隔絕開。鏡子看上去很平，但在高倍放大鏡下，就成了凹凸不平的山巒；肉眼看很乾淨的東西，拿到顯微鏡下，滿目都是細菌。試想，如果我們「戴」著放大鏡、顯微鏡生活，恐怕連飯都不敢吃了。再用放大鏡去看別人的毛病，恐怕許多人都會被看成罪不可恕、無可救藥的了。

孔子帶眾弟子東遊，走累了，肚子又餓，看到一酒家，孔子吩咐一弟子去向老闆要點吃的，這個弟子走到酒家跟老闆說：「我是孔子的學生，我們和老師走累了，給點吃的吧。」老闆說：「既然你是孔子的弟子，我寫個字，如果你認識的話，隨便吃。」於是寫了個「真」字，孔子的弟子想都沒想就說：「這個字太簡單了，『真』字誰不認識啊，這是個真字。」老闆大笑：「連這個字都不認識還冒充孔子的學生。」說著便吩咐夥計將之趕出酒家，孔子看到弟子兩手空空垂頭喪氣地回來，問後得知原委，就親自去酒家，對老闆說：「我是孔子，走累了，想要點吃的」。老闆說：「既然你說你是孔子，那麼我寫個字如果你認識，你們隨便吃。」於是又寫了個「真」字，孔子看了看，說：「這個字唸『直八』。」老闆大笑：「果然是孔子，你們隨便吃。」

弟子不服，問孔子：「這明明是『真』嘛，為什麼唸『直八』？」孔子說：「這是個認不得『真』的時代，你非要認『真』，焉不碰壁？處世之道，你還得學啊。」

這個故事說明了一個道理，那就是做人不能太計較。在工作中，不是你把所有的事情做了就是認真，因為要認真地揣摩了主管的需要而且盡可能地配合。

有位同事總抱怨他們家附近便利商店的店員態度不好，像誰欠了她鉅款似的。後來同事的妻子打聽到了女店員的身世，她丈夫有外遇，和她離了婚，老母癱瘓在床，上小學的女兒患哮喘病，每月只有一萬多元薪資，一家人住在一間十幾坪大的平房裡。難怪她一天到晚愁眉不展。這位同事從此再不計較她的態度了，甚至還建議大家都幫她一把，為她做些力所能及的事。

沒有必要與原本與你無冤無仇的人瞪著眼睛較勁。假如計較起來，大動肝火，槍對槍、刀對刀的打起來，再釀出個什麼嚴重後果來，那就太划不來了。與萍水相逢的陌路人較真，實在不是聰明人做的事。假如對方沒有文化，與其計較就等於把自己降低到對方的水準，很沒面子。另外，從某種意義上說，對方的觸犯是發洩和轉嫁他心中的痛苦，雖說我們沒有義務分攤他的痛苦，但確實可以用你的寬容去幫助他，使你無形之中做了件善事。

有良好的修養、善解人意的思維方法，並且需要經常從對方的角度設身處地考慮和處理問題，多一些體諒和理解，就會多一些寬容，一些和諧，一些友誼。

成功離不開他人的鼓勵和支持

人的一生雖然短暫，但常會有跌跌撞撞，有哭有笑，有悲有喜，有成功更有失敗，並不是一帆風順。所以，無論我們做任何一件事情，都離不開別人的支持。當一個人的工作和生活出現不順利時，如果能得到鼓勵和支持，則是獲得了無價之寶。

英國作家蕭伯納有一句名言：「兩個人各自拿著一個蘋果，互相交換，每人仍然只有一個蘋果；兩個人各自擁有一個思想，互相交換，每個人就擁有兩個思想。」在競爭愈來愈激烈的現代社會中，一個人不可能完全憑藉自己的力量來完成某項事業，也不可能憑藉一個人的智慧獨自成功。因為，一個人無論多麼能幹、多麼聰明，多麼努力，如果沒有團隊的合作，也難以在某項事業上獲得偉大的成功。

微軟創始人比爾・蓋茲，可以說得上是一個絕頂聰明的人物，但他所取得的成就同樣也完全不是由他一個人所創造的。其中，對比爾・蓋茲的事業起了決定性幫助的人物當屬現任微軟總裁史蒂夫・鮑爾默（Steve Ballmer）。

眾所周知，比爾・蓋茲是一個電腦技術的天才，但這個開創了視窗（Windows）的軟體菁英，在公司管理方面卻顯得手足無措，以致於微軟剛成立的時候，就陷入了重

5 群體生活需要溝通

重危機。聰明的比爾・蓋茲知道，這主要是因為自己不懂得管理和經營所造成的。於是，他便想到了同是哈佛高材生的史蒂夫・鮑爾默。

史蒂夫・鮑爾默的父母是移居到美國的猶太人，父親來自瑞士，而母親是一名原俄國皇家衛隊員的女兒。猶太人天生具有生意人的頭腦，這點在鮑爾默身上也不例外。鮑爾默知識面廣，反應敏捷，判斷準確，善於把握商機，是一個天生的好管家。更可貴的是，鮑爾默很早就開始了商業經營。在高中時，鮑爾默就擔任了校籃球隊的經理人。當時的教練回憶說，鮑爾默是他當時見過的最好的經理人，球隊需要用的球和毛巾總是放在它們應該放的地方，他從那時起就是團隊精神的典範，因此，整個隊伍的狀態一直都非常好。由於受到猶太家庭的正統教育，鮑爾默從小就養成了忠誠的品質。

一九八〇年，當蓋茲在他的遊艇上以五萬美元的年薪，說服了當時就讀於史丹佛大學商學院的鮑爾默加入微軟時，鮑爾默便成為了微軟第一位非技術學院畢業的受聘者。鮑爾默加入微軟後，他立刻將微軟當做自己的家，一做就是二十五年。

身材魁偉、習慣咬指甲、大嗓門、工作狂的鮑爾默的天賦之一就是善於聽取他人的意見，更加強調與對手的合作。和比爾・蓋茲相比，鮑爾默本人顯得更加隨意和開朗。外界評價說，儘管微軟在業界擁有霸主的聲望，但鮑爾默希望公司的形象能在企業界顯得更加親善化。有媒體分析，正是鮑爾默的性格決定了微軟形象的轉變。

在市場競爭愈來愈激烈的前提下，單打獨鬥的時代已經過去。沒有人，也不可能有人能依靠一己之力獲得某項事業的成功。因為任何的成功都不會是單獨產生的，即使聰明絕頂的人，也離不開他人的鼓勵和支持。

與蓋茲不同的是，鮑爾默在生意上更強調和解，崇尚儒家的「和氣生財」。在鮑爾默就任CEO之際，微軟面臨著眾多的法律訴訟，使它的形象嚴重受損。在反壟斷訴訟中，微軟成了眾矢之的。美國證券交易委員會用了三年時間，調查微軟是否在上個世紀九〇年代中期，人為地抹平財務報表。對於這些，鮑爾默強調合作，很快與美國證券交易委員會達成和解協定。在鮑爾默管理微軟期間，微軟還與司法部就反壟斷案達成了和解，並且平息了其他由員工、客戶和競爭對手提起的訴訟。

正是因為鮑爾默有著驚人的管理天才，才使微軟漸漸地戰勝了一個個對手，擺脫了一個個困境，從而走向強大和輝煌。據有關資料顯示，自微軟公佈鮑爾默接任CEO後，微軟的財富就一直在直線上升。銷售額由二〇〇〇年的兩百三十億美元漲到了二〇〇四年的三百六十八億美元，其現金儲備也增長了兩倍。

有人說，蓋茲好比是一個精明的掌櫃，而鮑爾默則是一個忠實的管家，既為蓋茲管家也為他攬財，使微軟一步步走向了成功。他不僅僅成就了蓋茲的夢想，也成就了無數個微軟的千萬富翁……

一個人無論多麼能幹、多麼聰明，多麼努力，如果沒有他人的支持和鼓勵，就難以在某項事業上獲得偉大的成功。

恭維的話要得體

在美國著名教育家戴爾．卡內基（Dale Carnegie）的記憶中，有著一段令他恐懼的歷史，那就是他離開戲團後，去當二流推銷員的經歷。在當時，假如沒有工作，隨時都有可能被餓死，因此，卡內基不得不到派克爾德貨車專櫃當一個二流推銷員。那時他的推銷成績並不理想，對於發動機、車油和零件設計之類的機械知識，卡內基一點都不感興趣，所以他無法了解自己推銷產品的性質。

當有顧客走來時，卡內基立刻走上前向他們推銷貨車，但說的話，常常與貨車沾不上邊，顧客都認為他是一個瘋子，很奇怪老闆為什麼會雇一個瘋子來賣貨車。看到這裡，他的老闆非常氣憤的走來，對他吼道：「戴爾，你是在賣貨車還是在演說？告訴你，明天再賣不出去東西，我會讓你滾蛋。」此刻，卡內基心中也非常著急，要知道，每天的伙食費還得從老闆那兒拿呢。他立刻說：「老闆，為了可以吃到麵包，我會好好地做的，而且呢，你瞧，看天氣，明天你的生意會一帆風順的。」老闆被卡內基恭維得舒舒服服，這才消了氣。當然卡內基為了生存，自然費了一些工夫，第二天時來運轉，竟賣出了一個汽車引擎。這時老闆覺得卡內基是個可造之才，所以解雇他的事就再也沒提起。在此，卡內基正確使用了恭維術，使他奇蹟般在那個地方待了下來，並生存了下去。

愛聽恭維話是人的天性，愛慕虛榮是人性的弱點。當人聽到對方的吹捧和讚揚時，心中也往往會產生一種莫大的優越感和滿足感，自然也就會高高興興地聽從對方的建議。

國畫大師張大千先生，經常被邀請出席各種活動，每次都有人讚美他的鬍子很漂亮，但張大千卻不以為然。

記得有一次，在一個歡迎會上，大家又在討論他的鬍子，相繼說了許多恭維的話。張大千聽了不動聲色，等大家講過以後，他說了一個故事：三國時代，關公、張飛去世後，孔明想徵求大將之中的一人擔任先鋒。可是應該選誰呢？張飛的兒子張苞說：「我願往。」關公的兒子關興也說：「我願往。」二人相持不下。孔明說：「你們二人都是將門之後，誰能將父親的蓋世武功說得好，就由誰來擔任先鋒。」張苞道：「我的父親手持鐵矛，喝斷霸王橋，智擒黃忠，義釋嚴顏，在百萬軍中，取上將首級，如探囊取物。我家教有方，今日先鋒，非我誰能？」輪到關公的兒子說話時，他因為口吃，說了半天，只有「我、我……我的父親……鬍子很長。」這時關公在雲端裡大喝一聲：「小子，你的老子當初手提青龍偃月刀，過五關，斬六將，誅顏良，斬文醜，上馬一提金，下馬一提銀……這些你偏不說，只說你老子的鬍子很長。」等張大千講完這個故事，眾人皆愕然。

恭維的話說得不得體，不夠巧妙，會讓人不喜歡聽，甚至會弄巧成拙。也就是說，說恭維話時一定要出自肺腑，充滿真誠，讓人愈聽愈舒服，這樣，恭維者才可達到目的。

說服他人也有訣竅

伽利略（Galileo Galilei）年輕時就立下雄心壯志，要在科學研究方面有所成就，他希望得到父親的支援和幫助。可是父親卻非常反對他研究科學，而希望他能成為一名優秀的外科醫生。因此，伽利略總想找個機會說服父親。

一天，伽利略又和父親聊到了這個話題。他對父親說：「父親，我想問您一件事，是什麼促成了您和母親的婚事？」

「我看上她了。」父親微笑著說。

伽利略又問：「那您有沒有娶過別的女人？」

「當然沒有，孩子。家裡的人要我娶一位富有的女士，可我只鍾情你的母親，她從前是一位風姿綽約的小姐。」

伽利略說：「您說得一點也沒錯，她現在依然風韻猶存，您不曾娶過別的女人，因為您愛的是她。您知道，我現在也面臨著同樣的處境。除了科學以外，我不可能選擇別的職業，因為我喜愛的正是科學。別的對我而言毫無用途，也毫無吸引力。科學是我唯一的需要，我對它的愛有如對一位美貌女子的傾慕。」

父親說：「像傾慕女子那樣？你怎麼會這樣說呢？」

伽利略說：「一點兒也不錯，親愛的父親，我已經十八歲了。別的學生，哪怕是最窮的學生，都已想到自己的婚事，可是我從沒想過那方面的事。我不曾與人相愛，我想今後也不會。別的人都想尋求一位標緻的姑娘做為終身伴侶，而我只願與科學為伴。」

父親始終沒有說話，只是仔細地聽著。

伽利略繼續說道：「親愛的父親，您有才能，但沒有力量，而我卻能兼而有之。為什麼您不能幫助我實現自己的願望呢？我一定會成為一位傑出的學者，獲得教授身分。我能夠以此為生，而且比別人生活得更好。」

父親為難地說：「可我沒有錢供你上學。」

「父親，您聽我說，很多窮學生都可以領取獎學金，我為什麼不可以呢？您在佛羅倫斯有那麼多朋友，您和他們的交情都不錯，他們一定會盡力幫助您的。也許您能到宮廷去把事情辦妥，他們只需去問一問公爵的老師奧斯蒂羅・利希就行了，他了解我，知道我的能力……」

父親被說動了：「你說得有理，這是個好主意。」

伽利略抓住父親的手，激動地說：「我求求您，父親，求您想個法子，盡力而為。我向您表示感激之情的唯一方式，就是……就是保證成為一個偉大的科學家……」

當在你嘗試說服他人的時候，最好先避開對方的忌諱，從對方感興趣的話題談起，不要太早暴露自己的意圖。要讓對方一步步地贊同你的想法，當對方跟著你走完一段路程時，便會不自覺地認同你的觀點。

用不同的方式與人交談

一般人常常不分對象，心裡想什麼，就直接說出來。於是，說者無意，聽者有心，不知不覺中就得罪了許多人，給自己無形中製造了很多不必要的麻煩，甚至造成無可挽回的後果。

楊先生最喜愛的一件新外套被洗衣店的人燙出了一塊焦痕，他決定找洗衣店的人賠償。但麻煩的是那家洗衣店在收衣服時就聲明，「價錢便宜，洗染時衣物受到損壞概不負責！」與洗衣店的職員做了幾次無結果的交涉後，楊先生決定找洗衣店的老闆。

進了辦公室，看到高高在上的老闆面無表情的坐在那裡，楊先生心裡就沒了好氣。

「先生，我剛買的衣服被您手下不負責任的員工燙壞了，我來這兒是要求賠償的，它值一萬五千元。」楊先生大聲地說道。

老闆看都沒看他一眼，冷淡的說：「接貨單上已經寫著『損壞概不負責』的協定，所以我們沒有賠償的責任。」

出師不利，冷靜下來的楊先生開始尋找切入點。他突然看到老闆背後的牆上掛著一隻網球拍，心中便有了主意。

「先生，您喜歡打網球啊？」楊先生輕聲的問道。

「是的，這是我唯一的也是最喜愛的運動了。怎麼，你也喜歡嗎？」老闆一聽網球的事，立刻來了興趣。

「我也很喜歡，只是打得不好。」楊先生故做高興且一副虛心求教的樣子。

洗衣店的老闆一聽，更高興了，如碰到知音一樣地與他大談起網球技法與心得來。談到得意時，老闆甚至站起身做了幾個動作，而楊先生則大加稱讚老闆的動作優美。

熱烈討論過後。老闆又坐了下來。

「哎喲，差點忘了！你那衣服的事……」

「沒關係，在這裡您給我上了一堂網球課。我已經夠了！」

「這怎麼行！」

說完，老闆把他的秘書叫了進來，吩咐道：「王小姐，你給這位先生開張支票吧……」

獨特的個性、嗜好和知識結構使某個人只能是「這樣」而不能是「那樣」，所以在與不同人物交談時，記得察言觀色，採取不同的談話方式。

及時彌補失言

「人有失足，馬有漏蹄」，無論凡人名人，都免不了發生言語失誤，但可千萬別忘記還有「微笑」可以及時補救、矯正。

一九七六年十月六日，在美國福特（Gerald Rudolph Ford）總統和卡特共同參加的為總統選舉而舉辦的第二次辯論會上，福特對〈紐約時報〉記者馬克斯・佛朗肯關於波蘭問題的提問，做了「波蘭並未受蘇聯控制」的回答，並說「蘇聯強權控制東歐的事實並不存在」。這一發言在辯論會上屬於明顯的失誤，當時遭到記者立即反駁。但反駁之初佛朗肯的語氣還比較委婉，試圖給福特改正的機會。他說：「問這一件事我覺得不好意思，但是您的意思難道是在肯定蘇聯沒有把東歐化為其附屬國？也就是說，蘇聯沒有憑軍事力量壓制東歐各國？」

然而當時福特並不明智，沒有承認自己失言並偃旗息鼓，結果所有媒體和專欄都紛紛對福特的失策做了報導，福特付出了沉重的代價。

聰明的人在被對方擊中要害時絕不強詞奪理，他們需要的是發現及時和改口巧妙的語言技巧。這時鎮定自若、處變不驚是一種最為明智的做法，至於認輸與否，也就不麼關注和強求了。

讓讚美的話顯得更加真誠

漢宣帝時，渤海一帶災害不斷，當地百姓衣食無著，屢屢向官府「伸手」。漢宣帝不糊塗，他知道災民勢力大，出兵鎮壓只會火上澆油，便派七十餘歲的龔遂就任渤海太守，由他安撫災民。

龔遂不愧是有為之官，他到任後廣攬賢才，恩威並用，竭力緩和矛盾。幾年後，渤海一帶社會安定，百姓溫飽有餘，龔遂名聲大振。

龔遂應召還朝「述職」，漢宣帝問他：「龔卿如何治理渤海，使之由亂變治？」龔遂回答：「微臣豈敢貪天之功，渤海之治是天子的神武感化的結果！」

漢宣帝聽後十分高興，將龔遂留在身邊，任以顯要而又輕閒的官職。

在適當的時間和適當的場合說幾句讚美或恭維人的話，就能夠調和沉悶的氣氛，增強他人的自信，使彼此找到共鳴的感應。

某縣市召開重大幹部級會議。公務員小高參與會務工作，他認為這是結識各方人物的良機，不可錯過，因此早早來到會場入口處迎接各局局長。

A局長乘專車來到，小高上前打開車門，稱讚說：「風光、風光，全市就您這一部奧迪車最美。真讓人羨慕！」A局長聽後笑笑，入會場。

B局長乘計程車來，小高初覺得疑惑，隨即稱讚：「瀟灑、瀟灑，一招手就是，不用麻煩司機，還來去自由。您必是做事靈活的局長。」B局長聽後笑笑，入會場。

C局長響應「節能減碳」騎輛自行車就來了。他停好車，上了鎖，小高便跑到跟前，稱讚：「廉潔、廉潔，都像您這樣，老百姓還有啥抱怨的。」C局長聽後笑笑，入會場。

D局長住處離會場不遠，他走路來了。小高迎上去，稱讚：「時尚、時尚，您愛運動，身體一定很棒！」D局長聽後笑笑，入會場。

讚美別人當然要說真實的話，太虛假只會讓人心生厭惡，而貼切的讚美會有畫龍點睛之效。

正面進攻不如旁敲側擊

淳于髡是齊國的一位大夫，雖然他相貌平凡，身材也一般，卻是位學識淵博、能言善辯，且又機智過人的人。因此齊王非常器重他，並且把他招為女婿。

孟嘗君是齊國的名門貴族，幾度出任相職，是政界的實力派。但有一次他與齊王意見不和，一氣之下辭去相職，回到了私人領地叫薛的地方。

這時與薛接鄰的南方大國楚國正待舉兵攻薛。與楚相比，薛不過是彈丸之地，兵力糧草等均不能相比，楚兵一旦到來，薛地後果不堪設想。

燃眉之急，唯有求救於齊。但孟嘗君剛剛與閔王鬧了意見，沒有面子去求。去了也怕閔王不答應。為此他傷透了腦筋，幾乎一籌莫展。絕路之中老天給他降下了一線希望，齊國大夫淳于髡來薛地拜訪。他是奉閔王之命去楚國交涉國事，歸途順便來看望孟嘗君的。孟嘗君撫額稱慶，可謂天助我也。他早已想好了主意，親自到城外迎接，並以盛宴款待。

淳于髡不僅善隨機應變，常為諸侯效力，與王室也有密切的關係。威、宣、閔三代齊王都很器重他。閔王時代成了王室的政治顧問，與孟嘗君本人也有私交。

孟嘗君決心已下，開口直言相求：「我將遭楚國攻擊，危在旦夕，請君助我。」淳于髡也很乾脆：「承蒙不棄，從命就是。」後人猜測，淳于髡此行，可能是有目的而來，即為朋友解危的，只不過這話需孟嘗君親自當面求說就是了。朋友之交，有許多心照不宣的東西，古亦如此。

卻說淳于髡趕回齊國，進宮覲見閔王。官場的話當然是要相告出國履行公務的結果，但他真正要辦的事情也早已盤算在心。

閔王問道：「楚國的情況如何？」

閔王的話題正投淳于髡的所好，順著這個話題，淳于髡要開始展開攻心術，履行對朋友的承諾了。

「事情很糟。楚國太頑固，自恃強大，滿腦子想以強淩弱；而薛呢，也不自量……」話題有意識性地在轉向薛。但談到薛，卻不露痕跡。閔王一聽，馬上就問：「薛又怎麼樣？」淳于髡眼見閔王入了圈套，便捉住機會說：「薛對自己的力量缺乏分析，沒有遠慮，建築了一座祭拜祖先的寺廟，規模宏大，卻不問自己是否有保衛它的能力。目前楚王要出兵攻擊這一寺廟，唉，真不知後果怎樣！所以我說薛不自量，楚也太頑固。」

齊王表情大變：「喔，原來薛有那麼大的寺廟？」隨即下令派兵救薛。

提出一些看似與正題無關的話題，讓聽者自己去體味、理解其中的真意，以此來達到啟示、提醒、勸阻或教育他人的目的。

齊威王即位後，整天只知道沉湎於酒色之中，好幾年不理國事。左右大臣都不敢勸諫。於是淳于髡決定去試一試。

一天，淳于髡去見威王，說有一個謎語要他猜。威王最喜歡猜謎語了，便催淳于髡快說。淳于髡於是說：「有隻大鳥，停在王宮的庭院裡已經三年了，既不飛也不叫。請大王猜猜這隻鳥是怎麼一回事。」

威王回答說：「這隻鳥不飛則已，一飛沖天；不鳴則已，一鳴驚人。」

從這以後，威王開始內治國政，外收失地，稱霸天下。

齊威王八年，楚國發兵攻打齊國。威王派淳于髡出使趙國求救，叫他帶一百鎰金、十駕馬車去送給趙王。淳于髡忍不住仰天大笑，連繫帽子的帶子都笑斷了。

威王問他是不是嫌帶去的禮物太少，淳于髡說：「豈敢，豈敢。我只是想到一件好笑的事情罷了。」

威王一聽是好笑的事情，連忙叫淳于髡講給他聽。淳于髡於是說：「今天我從東邊來時，看見路旁有個種田人在祈禱。他拿著一個豬蹄子、一杯酒禱告上天保佑他五穀豐登，米糧堆積滿倉。我見他拿的祭品很少，而所祈求的東西卻太多，所以笑起來了。」

齊威王當然聽懂了他的意思，便把去趙國的禮物增加到一千鎰金、十對白璧、一百駕馬車。

淳于髡到趙國獻上禮物，陳說了利害關係後，趙王發出精兵十萬支援齊國。楚王聽說後連夜退兵回國了。

齊威王非常高興，在宮內設酒宴為淳于髡慶功。威王問淳于髡要喝多少酒才會醉，淳于髡回答說喝一斗酒也會醉，喝十斗酒也會醉。威王覺得他真有意思，既然喝一斗就會醉了，怎麼還能喝十斗呢？因此要他講一講這其中的道理。

於是淳于髡便說起了他的酒經：「如果大王當面賞酒給我喝，執法官站在一旁，禦史官站在背後，我戰戰兢兢，低頭伏地而喝，喝下了一斗就會醉了。如果父母或貴客來我家，我恭謹地陪酒敬客，應酬舉杯，喝不到兩斗也會醉了。如果有朋自遠方來，相見傾吐衷腸，暢敘友誼，那就要喝上個五六斗才會醉了。如果是鄉里之間的宴會，有男有女，隨便雜坐，三兩為伴，猜拳行令，男女握手也不受罰，互相注目也不禁止，自由自在，開懷暢飲，這樣，我就是喝到八斗也只會有二三分醉意。如果到了晚上，宴會差不多了，大家撤了桌子促膝而坐，男女都同坐在一個坐席上，靴鞋錯雜，杯盤狼藉。等到堂上的蠟燭燒盡了，主人送走客人而單單留下我，解開羅衫衣襟，微微能聞到香汗的氣息。這時，我歡樂至極，忘乎所以，要喝到十斗才會醉。所以說，酒喝過頭了就會亂來，歡樂過頭了就會生悲，世上的事情都是這樣的啊！」

齊威王聽了他這一段精彩的酒經，沉思了好一會兒，然後說：「講得好啊！」從此以後，齊威王戒掉了通宵達旦飲酒的壞習慣。

在許多場合，有一些話不能直說也不好直說，於是，旁敲側擊繞道迂回，就成為人們所採用的方法。它的妙處在於既不失禮節，又傷不到對方的面子，並且還給自己留下了迴旋的餘地。

第 6 篇

尊重自己尊重他人

Instead of Changing Others, Change Yourself

要學會尊重他人

話說這一天，狐狸突然好心地送了一張邀請卡給鶴。「晚上請來舍下用餐。」狐狸笑著對鶴說。

哇！真是罕見！吝嗇的狐狸也會請客，那麼，他會給我準備什麼酒菜呢？鶴在心裡這樣想著。

雖然很疑惑，但是鶴還是很高興地前去狐狸的家參加宴會。

「呀！鶴先生，歡迎，歡迎！請不用客氣！」狐狸微笑著說道。

狐狸把鶴請到了餐桌前，然後來到廚房，端出了一個大平盤。原來，狡猾的狐狸取出的酒菜只是裝在大平盤裡的湯而已。

「哦，我最喜歡喝湯啦！謝謝你呀！狐狸先生。」鶴非常高興地說。

鶴很想喝湯，可是，因為長著一個長嘴巴，所以費了好大的勁，也只能聞到味道而已。盤內的湯，卻一滴也喝不到。

結果，狐狸卻「嘰哩咕嚕」地一下子就把湯喝完了，而且「嗤嗤」地笑著，覺得很有趣。

鶴終於知道了狐狸的「好心」，明白狐狸是在捉弄牠，於是牠氣憤地回到了家中。

可是不久後，鶴忽然也給狐狸送來了一張邀請卡。狐狸是個貪吃鬼，一聽說有好吃的，就開始流口水了。

「是什麼樣的食物呢？」狐狸暗暗地想著，甚至連不久以前捉弄鶴的事，也忘得一乾二淨，高高興興地到了鶴的家。

鶴拿出的東西是什麼呢？原來也是湯，不過是裝在細的水瓶裡。

可想而知，狐狸也無法喝到細瓶裡面的湯了。而鶴則將長嘴巴輕輕鬆鬆地伸進瓶底，津津有味地喝著呢！

你笑時，鏡子裡的人也笑；你皺眉時，鏡子裡的人也皺眉；你對著鏡子大喊大叫時，鏡子裡的人也對你大喊大叫。所以，我們要獲取他人的好感和尊重，首先必須尊重他人。

沃恩每年都會受邀參加某單位的雜誌評審工作，這個工作雖然報酬不多，但確實是一項榮譽，很多人想參加卻找不到門路，也有人只參加了一兩次，就再也沒有機會了！沃恩年年有此「殊榮」，讓大家都羨慕不已。

他在年屆退休時，有人問他其中的奧秘，他微笑著向人們揭開謎底。他說，他的專業眼光並不是關鍵，他的職位也不是重點，他之所以能年年被邀請，是因為他很會給別人「面子」。

沃恩說，他在公開的評審會議上一定會把握一個原則：多稱讚、鼓勵，少批評。但會議結束之後，他會找來雜誌的編輯人員，私底下告訴他們編輯上的缺點。因此，雜誌雖然有先後名次，但每個人都保住了面子。也正是因為他顧慮到別人的面子，因此承辦該項業務的人員和雜誌的編輯都很尊敬他、喜歡他，當然也就每年找他當評審了！

尊重是雙向的，你能給人尊重，別人也報以欣賞；你若予人輕視，別人定還以鄙薄。記住！尊重可以消除隔閡，拉近友誼，又可以顯示修養，贏來信任，換得朋友。

不要吝嗇你的表揚

一個非常聰明的經理人曾經說，他非常喜歡思考怎樣才能使讚揚人的話發揮跟給下屬發錢一樣的作用。他說：「我不可能按照我希望的那樣付給他們很多的錢，所以，我

6 尊重自己尊重他人

要把讚揚當錢使用。無論任何時候，無論遇到誰，我都告訴他說：「你做得很不錯，加油啊！」立刻，這話就像一千元獎金似的令他感到興奮。

是的，人們不可能用讚揚去買到什麼好東西，但是，人們會把它藏在腦子裡。有時金錢往往不是能打動下屬的關鍵，但讚揚卻可以發揮意想不到的神奇效果。

前〈時代週刊〉總編輯瑞・卡夫曾經告訴過他的朋友，他總是記得他是怎麼表揚、共表揚過幾次、表揚的是誰這些細節。因為這是他的工作，他別無選擇。對他來說，每星期編輯一期雜誌就是一場馬拉松比賽，在這場比賽裡，他需要做出無數次的價值判斷，沒有耐心和熱情是堅持不下去的。他總是需要不斷的對他的下屬交上來的意見書、文章、圖片、圖解以及版面設計做出判斷，以決定這些東西是否符合雜誌的要求。結果是，他需要不斷地做出是否要讚揚或者批評他的撰稿人、攝影師以及藝術家的決定。在這種意義上，雜誌出版業便成為是一個需要經常表揚人的行業。而對瑞・卡夫來說，要表揚人是不成問題的，這是他主要職責的一部分。

尋找他人的長處並予以稱讚和表揚，這樣你就會發現，他人不僅會變得更好，而且也會把美好的資訊回饋給你，職場上更是如此。

學生可能因老師讚揚某篇作文寫得好，而對當作家投入極大的熱情，最終成為文豪；而一句冰冷的批評，則可能把一個未來的科學家徹底摧毀。美國新澤西州威利蘭德職業訓練學校在給學生上心理學課時，教授們使用了一種被稱為「測力器」的儀器，對疲勞進行測量。當一個疲憊的年輕人受到表揚和鼓勵時，測力器便表明他的能量立即得到加強；而當他被批評訓斥一頓後，他的體力就急劇下降。

金無足赤，人無完人，每個人都有值得對方學習的長處和優點。我們在日常生活中最常忽略的美德之一便是讚賞。別忘了為他人留下一點讚美的溫馨，別人也會把更多的友情回贈給你。

巧言拒絕好處多

在實際生活、工作中，人們時常會遇到別人向自己提出要求。有的提要求的人是你不喜歡的，有些人又恰恰提出了你難以接受的要求。處於這種尷尬之中，你將如何處理？明智的做法是：我們沒必要「有求必應」，要學會巧妙的「拒絕」。

拒絕也是一門藝術，所以我們不但要學會拒絕，而且還要學會拒絕的藝術。生硬的回絕，顯得不近人情，婉言謝絕，則會顯得彬彬有禮且不失面子。拒絕並沒有什麼固定的模式或方法，至於如何拒絕才能得到最佳效果，那只能因事、因人、因地、因時而異了。

清代名人鄭板橋任濰縣縣令時，曾查處了一個叫李卿的惡霸。李卿的父親李君是刑部天官，聽說兒子被捕，急忙趕回濰縣為兒子求情。他知道鄭板橋正直無私，直接求情不會見效，於是便以訪友的名義來到鄭板橋家裡。鄭板橋知其來意，心裡也在想怎樣巧拒說情，於是一場舌戰巧妙地展開了。

李君四處一望，見旁邊的几案上放著文房四寶，他眼珠一轉有了主意：「鄭兄，你我題詩繪畫以助雅興如何？」

「好哇。」

李君拿起筆在紙上畫出一片尖尖竹筍，上面飛著一隻烏鴉。

目睹此景，鄭板橋不搭話，揮毫畫出一叢細長的蘭草，中間有一隻蜜蜂。

李君對鄭板橋說：「鄭兄，我這畫可有名堂，這叫『竹筍似槍，烏鴉真敢尖上立』？」

鄭板橋微微一笑：「李大人，我這也有講究，這叫『蘭葉如劍，黃蜂偏向刃中行』！」

李君碰了一個釘子，換了一個方式，他提筆在紙上寫道：「燮乃才子。」

鄭板橋一看，人家誇自己呢，於是提筆寫道：「卿本佳人。」

李君一看心中一喜，連忙靠近說：「我這『燮』字可是鄭兄大名，這個『卿』字……」

「當然是貴公子的寶號啦！」鄭板橋回答。

李君以為自己的「軟招」奏效了，心裡別提有多高興了，當即直言相託：「既然我子是佳人，那麼請鄭兄手下留……」

「李大人，你怎麼『糊塗』了？」鄭板橋打斷李君的話，「唐代李延壽不是說過嗎……『卿本佳人，奈何做賊』呀！」

李天官這才明白鄭板橋的婉拒之意，不禁面紅過耳，他知道多說無益，只好拱手作別了。

拒絕也是一門藝術，以其人之道，還治其人之身來婉言謝絕，則會顯得彬彬有禮且不失面子。

十九世紀，狄斯雷（Benjamin Disraeli）利一度出任英國首相。當時，有個野心勃勃的軍官一再請求狄斯雷利加封他為男爵。狄斯雷利知道此人才能超群，也很想跟他打好關係，無奈此人不夠資格獲得加封條件，狄斯雷利無法滿足他的要求。

一天，狄斯雷利把軍官請到辦公室裡，與他單獨談話：「親愛的朋友，很抱歉我不能給你男爵的封號，但我可以給你一件更好的東西。」說到這裡，狄斯雷利壓低了聲音：「我會告訴所有人，我曾多次請你接受男爵的封號，但都被你拒絕了。」

狄斯雷利說話算數，他真的將這個消息散布了出去。眾人都稱讚軍官謙虛無私、淡泊名利，對他的禮遇和尊敬遠遠超過任何一位男爵。軍官由衷感激狄斯雷利，後來成了他最忠實的夥伴和軍事後盾。

在拒絕對方不當要求的同時，給足對方面子，這就是巧言說「不」的高明之處。讓對方明白，自己的要求雖未被滿足，但長遠利益（聲譽）仍得到了維護，這是比加官晉爵更好。

二十世紀三〇年代的美國總統富蘭克林・羅斯福在就任總統之前，曾在海軍擔任部長助理的要職。有一次，他的好友向他打聽美國海軍在加勒比海某島建潛艇基地的計畫。

當時，這是不能公開的軍事秘密。面對好友的提問，羅斯福怎麼拒絕才好呢？羅斯福想了想，故意靠近好友，神秘地向四周看了看，壓低嗓門問道：「你能對不宜外傳的事情保密嗎？」

好友以為羅斯福準備「洩密」了，馬上點點頭保證說：「當然能。」

羅斯福坐正了身子笑道：「我也一樣！」

好友這才發現自己上了羅斯福的「當」，他隨即明白了羅斯福的意思，開懷大笑起來，不再打聽了。

拒絕是一門學問，應該體現出個人的品德和修養，使別人在你的拒絕中，一樣能感覺到你是真誠的、善意的、可信的。

尊重風俗體恤人心

林小姐是某大學外國留學生的中文教師。她上課時，日本留學生野村大平經常遲到，而且總是穿著拖鞋進教室，只要他一到，「劈劈啪啪」的響聲就在教室裡回盪，十多分鐘後才能安靜下來。

林老師曾幾次向野村大平指出這一細節問題，要他改穿正式一點的鞋子上課，以免影響老師和同學，野村大平總是油腔滑調地回答：「老師，我只有一雙拖鞋，要是你不讓我穿，我只好不來上課。」他的話引得留學生們哄堂大笑。

有一次，上課時講解各國的風土人情，林老師請各國留學生介紹自己國家的文化，有意讓野村大平介紹日本的榻榻米。野村大平來勁了，他跑上講台連說帶比畫，告訴大家使用榻榻米的規矩。

林老師冷不防插問道：「如果有人一定要穿著鞋子踩上榻榻米，日本人會怎麼看呢？」

野村大平不假思索地回答：「那日本人一定會認為這個人腦子有病。」

林老師笑了，接著問道：「那麼，在中國大學的課堂裡，你一定要穿拖鞋來上課，中國人會怎麼看你呢？」

野村大平愣了半天，恍然大悟道：「我掉進去了老師的圈套。」第二天他穿了一雙嶄新的運動鞋走進教室，還故意朝林老師抬了抬腳。

當在你嘗試說服他人的時候，最好先避開對方的忌諱，從對方感興趣的話題談起，不要太早暴露自己的意圖。要讓對方一步步的贊同你的想法，當對方跟著你走完一段路程時，便會不自覺的認同你的觀點。

一次，魯迅先生到廈門的一所平民學校去演講，他深知這些平民子弟渴望求知，但由於長期受到環境的壓制，對是否能學好又存有懷疑和擔心。清楚他們心理的魯迅先生就在演講中說：「你們都是工人、農民的子弟，因為家境貧寒才失學。但是你們窮的是金錢，而不是聰明的才智。即使是貧民子弟也一樣是聰明的、有智慧的。沒有人的權利能大到讓你們永遠被奴役，也沒有什麼人會命中註定做一輩子窮人，只要肯奮鬥，就一定會成功，一定有前途。」這幾句話贏得了滿堂的喝彩，不少人激動得熱淚盈眶。

與性格活潑、個性開朗的人交談可以比較隨意地開玩笑；與性格內向的人交談需要耐心；與性格耿直的人交談可以直言不諱，這反而能引起對方的共鳴；與生性多疑、小心眼兒的人交談，要小心謹慎，開口前要再三醞釀，以免得罪對方。

提建議也要謹慎

新來的經理第一次主持會議，他很誠懇地要求大家以後多提「建議」，並且說：「如果我有什麼不太好的習慣、缺點，或者是對工作有什麼好的建議、意見，也歡迎大家告訴我。」

現場鴉雀無聲，沒人說話。第二次會議，經理再次重複那些話，才到職兩個月的小許終於站起來提了一些工作上的建議，經理當場表示「嘉許」。因為有了小許的示範作用，有好幾位同事相繼發言。

在以後的日子裡，小許每遇會議，必不放過提建議的機會，除了工作上的建議之外，也針對經理個人的言行有中肯而且誠懇的建議。

大家都認為，小許不久後一定會「高升」，可是結果卻事與願違。小許被調到一個閒差，從此再也沒有機會在開會時提「建議」。

有些人可以接受九十九句批評的話，卻不能接受冒犯到他自己的一句話。人有很多種，有些人心口如一，寬容大量；有些人心口不一，嘴巴說得很漂亮，心裡完全不那麼想。

有一位職員小王制定了一套工作方案，他和自己的直屬科長事先商量過，科長表示贊同。現在需要獲得老闆最後的認可。

要這樣去找科長商量，小王有些為難。

科長說：「如果你要去老闆那裡，我們一起去。」

科長的行動鼓足了小王的信心，兩人立即一起到老闆的辦公室，向老闆說明建議的內容。

老闆聽過後，問科長：「你認為怎樣？」

在小王的心目中，科長是位熱心人，待人很謙和。他認為，科長一定會積極推薦自己的方案，眼看就要大功告成了。

可是科長說：「我看這個方案馬馬虎虎還可以。」

小王一聽，馬上就有一種受欺騙的感覺。他想：我們不是都說好了的嗎，怎麼說是「馬馬虎虎」呢？

科長接著說：「小王對此事很熱心，一定要我和他一起來找您。」

小王一聽，心裡開始「憤慨」了：你這科長，怎麼如此不講信用，明明是你自己願意來的，怎麼是我要你來的呢？

老闆看了看科長，再把眼光轉向小王說：「這件事很重要，就這樣做吧！」

後來，小王悟出了科長所說的「馬馬虎虎」、「小王太熱心了」等話的深刻含義：他要老闆自己來做決定，而不是他自己同意這個建議。這時，小王才領悟了科長的高明之處。

向上司進言時，不是直陳自己的觀點，應該謙虛地說：「還有不少問題，請多加指教。」有時這會是決定你成功和失敗的關鍵。

小吳是一公司的中階職員，他的心地公認的好，可是一直升不了職。和他同年齡、同時進公司的同事，不是外調獨當一面，就是成了他的頂頭上司。另外，別人雖然都稱讚他好，但他的朋友並不多，不但下了班沒有應酬，在公司裡也常獨來獨往，好像不太受歡迎的樣子……其實小吳能力並不差，也有相當好的觀察、分析能力，問題是，他說話太直了，總是直言直語，不加修飾，於是直接、間接地影響了他的人際關係。

「直言易惹禍」，逞一時之快，或不論在什麼時候都一吐為快時，應該想想你鋒利的語言之箭是否傷害到自己或他人。

讓你的語言更有藝術性

真正會談話的人，善於引導話題，能把庸雜瑣閒之話題引向深思探究，這種人才是社交談話中受人尊敬的人。

楚莊王酷愛養馬，把那些最心愛的馬，都披上華麗的綢緞，養在金碧輝煌的廳堂裡，讓牠們睡清涼的席床，吃美味的棗肉。

有一隻馬因為長得太肥而死了。楚王命令全體大臣致哀，準備用棺槨裝殮，一切排場按大夫的葬禮隆重舉行。左右大臣紛紛勸諫他不要這樣做，楚王非但不聽，還下了一道通令：「敢為葬馬向我勸諫的，一律殺頭。」

優孟聽說了，闖進王宮就號啕大哭。楚莊王吃驚的問他為什麼哭，優孟回答：「那匹死了的馬啊，是大王最心愛的。像楚國這樣一個堂堂大國，卻只用一個大夫的葬禮來辦馬的喪事，未免太不像話。應使用國王的葬禮才對啊！」

楚王說：「照你看來，應該怎樣呢？」

優孟回答：「我看應該用白玉做棺材，用紅木做外槨，調遣大批士兵來挖個大墳坑，發動全城男女老幼來挑土。出喪那天，要齊國、趙國的使節在前面敲鑼開道，讓韓國、魏國的使節在後面搖幡招魂。建造一座祠堂，長年供奉它的牌位，還要追封牠一個萬戶侯的謚號。這樣，就可以讓天下人都知道，原來大王把人看得很輕賤，而把馬看得最貴重。」

楚王這時終於恍然大悟，知道這是優孟在含蓄的批評他，便說：「我的過錯就這樣大嗎？好吧，那你說現在應該怎麼辦呢？」

優孟答道：「事情好辦，依臣之見，用灶頭為槨，銅鍋為棺，放些花椒桂皮，生薑大蒜，把馬肉燉得香噴噴的，讓大家飽餐一頓，把牠葬到人的肚子裡。」

說服別人之前，先把別人的想法、問題看清、摸準，反覆研究、深思熟慮，並多聽、多看、多想、多分析，使自己得到正確的判斷。

處理事情時絕不可拖延成癖

拖延並非人的本性，它是一種惡習，是一種可以獲得改善的壞習慣。不論這個人多麼有才能，但老是若無其事的約會遲到，久而久之大家就都認為他是一個言而無信的人，自己說的話都做不到，拜託他的事就更別提了。而同樣，有的人則常常在「我正在考慮」、「我正在準備」、「我正在等候時機」等等的藉口下，放任歲月流失。

在社交活動中，對人對己，都不應該養成拖延的習性。有些人總是喜歡在約會的時候遲到，而且總是有很多的理由來自我解釋：「對不起，我實在太忙了。」如果不信的話，可以來看看下面的幾個例子：

例一：

當老闆可真不容易。王總近來發現下屬不好管理，尤其是那個銷售許經理，交給他去做的工作老是不能按時完成。開會的時候他經常是最後一個到，決定好的計畫一到他去執行就總會遇到各種阻礙：什麼客戶出差了、路上塞車、生病了、材料還沒有準備好等等。王總對他很是生氣，要不是礙於推薦人（那可是公司的一個重要客戶）的情面，早就把他給開除了。

例二：

作為市場部的經理，王先生感覺到壓力很大，因為老闆要求他必須在下週一的公司例會上提交一份非常重要的市場分析報告。王先生很清楚這份報告對公司和對他自己的重要性，因為這份報告將關係到他個人年底的績效考核。可是，他覺得完成這份報告是一個繁重的工作，需要大量加班來搜集資料。總之，這是一項足以讓他忙得焦頭爛額的任務。於是，他的老毛病——拖延又犯了，不過像以前的每次拖延一樣，他依然找了一個讓自己心安理得的藉口——我需要好好考慮，好好規畫一下。

直到周日，也就是最後一天的時候，他連續工作了十多個小時，才將報告完成。可是，就連他自己對報告的品質都不滿意，結果可想而知。到了週一，當他把報告提交給老闆時，他已經能從老闆那不滿的表情中知道了自己今年的績效考核分數。就這樣，他再一次嘗到了自己拖延的苦果。

例三：

某天清晨，張先生於上班途中，信誓旦旦的下定決心，一到辦公室即著手草擬下年度的部門預算。他很準時於九點整走進辦公室。但他並不立刻從事預算的草擬工作，因為他突然想到不如先將辦公桌以及辦公室整理一下，以便在進行重要的工作之前為自己提供一個乾淨與舒適的環境。

他總共花了半小時的時間，才使辦公環境變得有條不紊。他雖然未能按原定計畫於九點鐘開始工作，但他絲毫不感到後悔，因為這半小時的清理工作不但已獲得顯然可見的成就，而且它還有利於以後工作效率的提高。他面露得意神色隨手泡了壺茶，稍作休息。此時，張先生無意中發現報紙上的彩色圖片十分吸引人，於是情不自禁地拿起報紙來。等他把報紙放回報架，已經十點鐘了。這時他略感不自在，因為他已自食諾言。不過，報紙畢竟是精神食糧，也是溝通媒體，身為企業的部門主管怎能不看報，何況上午不看報，下午或晚上則非補看不可。這樣一想，他才稍覺心安。於是他正襟危坐的準備埋頭工作。

就在這個時候，電話聲響了，那是一位顧客的投訴電話。張先生連解釋帶賠罪的花了二十分鐘的時間才說服對方平息了怨氣。掛上了電話，他去了洗手間。在回辦公室途中，他聞到咖啡的香味。原來另一部門的同事正在享受上午茶，他們邀他加入。他心裡想，預算的草擬是一件頗費心思的工作，若無清醒的腦筋則難以勝任，於是他毫不猶豫地應邀加入，就在那兒言不及義的聊了一陣。回到辦公室後，他果然感到精神奕奕，滿以為可以開始致力於工作了。可是，一看錶，糟糕，已經十點四十五分距離十一點的部門聯席會議只剩下十五分鐘。他想：反正這麼短的時間內也辦不了什麼事，不如乾脆把草擬預算的工作留待明天算了。

例四：

王勇有個壞習慣，做事總喜歡拖延。如果有什麼事今天做可以，明天做也行，那他絕對會拖到明天去做，所以朋友們給他取了個外號叫「磨蹭大王」。在學校裡，這個習慣還沒給他帶來多大影響，頂多是晚交報告被教授說幾句。但到了社會上，他卻因此吃了不少苦頭。

畢業後，王勇一直沒找到合適的工作。有一天，一個同學告訴他一個消息：某電台招募三名主持人。聽到這個消息，王勇高興壞了，他的語言及外形都沒問題，而他的學歷也頗具優勢，更重要的是當電台主持人是他最大的理想，這可真是天賜良機。那什麼時候去報名呢？王勇想：過兩天吧！我總要準備準備。於是一天拖過一天，五天後，他終於決定行動了！然而：當他風塵僕僕地趕到某市時，電台工作人員卻告訴他，三天前報名就截止了。於是王勇只好懷著遺憾回了家，他自己也明白，以後很難再碰到這樣好的機會了！

拖延這個壞習慣並不能使問題消失或者使解決問題變得容易起來，而只會製造問題，給工作造成嚴重的危害。成功者從不拖延，他們中的大多數人只是發揮了本身潛在能力的極少部分，因為他們對工作的態度是立即執行，所以把握了成功。那麼，為什麼我們還要逃避現實，還要忍受拖延造成的痛苦呢？要知道，從現在開始用「立即執行」的好習慣取代「拖延」，我們同樣可以擁有成功。

要克服拖延的習慣，必須要算出拖延的代價是多少。當你拖延的時候，你要想到拖延就是痛苦，拖延就會造成損失，拖延就是失敗。

立定志向，發揮天賦

法國啟蒙思想家布封（Buffon）曾說過：「天才就是長期的堅持不懈。」中國近代著名數學家華羅庚也曾說：「治學問，做研究工作，必須持之以恆……」的確，無論我們做什麼事，要取得成功，堅持不懈的毅力和持之以恆的精神都是必不可少的。

每個人都有自己的目標，許多人為了自己的目標而堅持不懈地奮鬥，然而也有不少人在半途中就放棄了。偉大的發明家愛迪生一生中有許多發明，這些成果都是他用堅持不懈的奮鬥換來的。愛迪生在發明電燈的時候，曾經為找到合適的燈絲實驗了無數次，也失敗了無數次，但他從來沒有放棄過，一直堅持不懈做實驗，最後終於成功了。

義大利著名男高音盧西亞諾・帕華洛帝（Luciano Pavarotti），回顧自己走過的成功之路時說：「我的父親是一個麵包師，當我還是個孩子時，就開始教我學習歌唱。他鼓勵我刻苦練習，培養嗓子的功底。後來，在我的家鄉義大利的蒙得納市，一位名叫阿利戈・波拉（Arrigo Pola）的專業歌手收我做他的學生。那時，我還在一所師範學院上學。在畢業時，我問父親：『我應該怎麼辦？是當教師還是成為一個歌唱家？』我父親這樣回答我：『盧西亞諾，如果你想創造人生的輝煌，就要堅持不懈地走下去，在生活中你應該選定你的人生走向。』我選擇了。我忍住失敗的痛苦，經過七年的學習，終於第一次正式登台演出。此後我又用了七年的時間，才得以進入大都會歌劇院。現在我的看法是：不論是砌磚工人，還是作家，不管我們選擇何種職業，都應有一種獻身精神，而堅持不懈是關鍵。」

下面是一則真人真事，不妨讓我們一起來看一下他是如何實現自己的「工作目標」。

在舊金山貧民窟有一位小男孩，小時候因為營養不良而患上了軟骨病。六歲時，雙腿因病變成弓字形，使腿進一步萎縮。

在小男孩的心中，從小就有一個夢想，就是將來要成為一個最偉大的運動員——美式橄欖球的全能球員，這就是他所謂的「工作目標」。他是傳奇人物吉姆・布朗（Jim Brown）的球迷，每逢吉姆所屬的克里夫蘭布朗隊和舊金山四九人隊在舊金山舉行比賽時，小男孩都不介意雙腿的不便，一拐一拐地走到球場去為吉姆加油。但他太窮了，根本買不起門票，只好等到比賽快要結束時，趁工作人員推開大門之際混進去，觀賞最後幾分鐘。

在小男孩十三歲時，他在布朗隊與四九人隊比賽之後，終於在一家霜淇淋店與心目中的偶像碰面，這是他多年的願望。他勇敢地走到吉姆面前，大聲說：「吉姆先生，我是你忠實的球迷！」吉姆．布朗說：「謝謝你！」小男孩又說：「吉姆先生，你想知道一件事嗎？」吉姆轉身問：「小朋友，請問何事？」

小男孩驕傲地說：「我記下你的每一項紀錄，每一次比賽。」吉姆．布朗快樂地微笑著說：「真不錯。」小男孩挺直胸膛，雙眼放光，自信地說：「吉姆先生，終有一天我會打破你的每一項紀錄。」

聽完此話，吉姆．布朗微笑地對他說：「孩子，你叫什麼名字，真的好大的口氣！」小男孩十分得意地笑著說：「先生，我叫澳侖索！澳侖索．辛普森（Orenthal James Simpson）。」

後來，澳侖索．辛普森正如他少年時所講的，克服了種種的困難，終於打破了吉姆．布朗所創下的一切紀錄，同時又打破了一些新的紀錄。

所以，當困難絆住你成功腳步的時候，當失敗挫傷你進取雄心的時候，當負擔壓得你喘不過氣的時候，不要退縮，不要放棄，不要裹足不前，一定要堅持下去，因為只有堅持不懈才能通向成功。

歷史上許多偉人正是因為他們堅持不懈，為著目標努力奮鬥，才被天下人讚頌的。

第 7 篇

通權達變以退為進

Instead of Changing Others, Change Yourself

避開直線思考的方式

有許多滿懷雄心壯志的人毅力很堅強，但是由於不善於進行新的嘗試，因而難於成功。當然要堅持目標，不能猶豫畏縮，但也不能執意前行，不知變通。如果的確感到行不通時，何不避開直線思考的方式，讓你的思考轉個彎呢？

直線思考是人容易犯的一個毛病。很多人表面上說這是人的單純、天真，其實內心多半在嘲笑他們是「白痴」，然而，他們真的白痴嗎？真的一無是處嗎？難道那些嘲笑他們的人就真的勝過他們嗎？

在一個世界級的牙膏公司裡，總裁目光炯炯的盯著會議桌旁所有的業務主管。為了使目前已近飽和的牙膏銷售量能夠再加速增長，總裁不惜重金懸賞。只要能提出足以令銷售量增長的具體方案，該名業務主管便可獲得高達十萬美元的獎金。

所有業務主管無不絞盡腦汁，在會議桌上提出各式各樣的點子，諸如加強廣告、更改包裝、鋪設更多銷售據點，甚至於造謠攻擊對手等等，幾乎到了無所不用其極的地步。而這些陸續被提出來的方案，顯然不為總裁所採納。所以總裁冷峻的目光，仍是緊緊盯著與會的業務主管，使得每個人皆覺得自己猶如熱鍋上的螞蟻一般。

在會議凝重的氣氛當中，一位到會議室為眾人倒咖啡的新秘書，無意間聽到討論的議題，不由得放下手中的咖啡壺。在大夥兒沉思更佳方案的肅穆氣氛中，她怯生生地問道：「我可以提出我的看法嗎？」

總裁瞪了她一眼，沒好氣地道：「可以，不過你得保證妳所說的能令我產生興趣，否則妳隨時準備離開。」

這位女孩輕輕的笑了笑，說道：「我想，每個人在清晨趕著上班時匆忙擠出的牙膏，長度早已固定成為習慣。所以，只要我們將牙膏的管口加大一點，大約比原口徑多40％，擠出來的牙膏重量，就多了一倍。這樣，原本每個月用一管牙膏的家庭，是不是可能會多用一管牙膏呢？諸位不妨算算看。」

總裁細想了一會兒，率先鼓掌，會議室中立刻響起一片喝彩聲。

一個清新簡單的好主意，往往可以獲得意想不到的精彩成果。有時將自己的思考模式或方向巧妙地轉個彎，的確可以看到更開闊的美景。而你是否也願意改變自己原有的某些想法，來接受一些清新簡單的好主意，讓你的心靈，讓你的人生獲得意想不到的精彩成功呢？

遇到了一個難題，如果不適合用採取直線思考，不妨試試另外一種方式，或許能使問題得到圓滿解決。

採取曲線進攻的方式

對一個目標直接進攻失敗時，不妨退一步，想一想，不要累死在一條路上，撞倒在一面牆上，而應繞道而行。

在你實現目標的過程中，如果有某一位關鍵人物成為你成功的阻礙，而你無法說服他時，你可以從他身邊的人或事著手，使他感動或者不得不答應你。

一位美國作者曾經講述這樣一件事，他的妻子是如何一面奉承他，說決定權在他手中，一面又使他不得不答應買下一幢他不想買的房子。我們來看看他對整個過程的生動描述：

我打電話回家，妻子告訴我：「我買了一幢房子。」

「什麼？再說一遍。」我嚇到要跳起來。

「哦，我買了一幢房子。」她小心翼翼地說。

「喂，」我插話說，「我想你大概沒有把話說清楚。你可能是想說你看到了一幢你喜歡的房子吧？」

「對呀，」她說，「而且，我買下來了。」

我的喉嚨裡好像堵了一塊東西似的。「不，不，你是說你看中了一幢房子，而且為這幢房子提出了訂約條件吧。」

「是的，」她說，「他們接受了它，而我們得到了它。」

我努力抑制自己的強烈感情：「你買……買……買……買了一幢房子？整個一幢房子？不可能吧！」

「哦，是的，」她乾巴巴地說，「這實際上很容易……你會愛上它的。它是一幢英國式建築，有十六間房，五十五年前建的，可俯視密西根湖。」

我又結結巴巴、反反覆覆地說：「你買……買……買……買了一幢房子。」

「是的！」我的妻子加強語氣說道。

最後，由於認識到我處於緊張狀況，她降低聲音說：「我確實在合約上寫明買房子一事最後要由你批准。」

「你是說，如果我不同意，你可以撤回它，是嗎？」

「當然可以，」我的妻子向我保證，「在星期六上午十點鐘以前，我們還有時間。如果你不喜歡這個方案，我們可以撤回。當然，這就意味著我必須將『搜尋』工作從頭至尾再來一遍。」

我星期五晚上很晚到家，第二天又早早起來穿戴整齊。妻子和我要去看她覺得已經買下的那幢房子。然而，只有我——法律意義上的一家之主，才能親臨現場做最後決定。我們倆人瀟脫地走進「指揮車」，由我這位法律意義上的司令開車，我的合夥人坐在旁邊。

行駛途中，我問妻子：「順便問一句，有什麼人知道你快要買這幢房子了嗎？」

「有啊。」她說。

「誰會知道呢？這事剛發生！」

「很多人。」她回答。

「誰？」我追問。

「哦，首先，我們所有的鄰居和朋友都知道。實際上，今晚他們正準備為我們舉辦一次盛大的告別晚會。」

我的嘴部肌肉發緊：「你是說『首先』？還有誰知道呢？」

「哦，我們的家人知道——你家的人和我家的人。實際上，我媽媽已經為起居室訂做了窗簾。我打電話把尺寸告訴她了。」

我的胃縮成一團，這時我開過一個拐角：「還有誰知道？」

「哦，還有孩子們知道。他們告訴了他們的朋友和老師。他們挑選了他們想要的臥室。雪倫和史蒂芬在商場給各自的新房間訂了家具。」

「我們的狗怎麼樣？」我問，同時想制止前額血管的顫動。

「噢，弗拉菲也去過那裡，盡可能地到處嗅。牠喜歡附近的消防栓，隔壁一條街上的一隻漂亮的公狗也引起了牠的注意。」

我還能說什麼呢？當然是買下這幢房子。

上面的這個故事中，這位妻子用的同樣是曲線進攻的策略。

希望「攻克」某一個人時，就要以他為中心點，去獲得中心點上緊密圍繞的那些人的支持，這樣你就能左右逢源，獲得成功。

善用幽默與諷刺笑果

有一次，世界著名滑稽演員侯波在表演時說：「我住的旅館，房間又小又矮，連老鼠都是駝背的。」那家旅館老闆知道後十分生氣，認為侯波詆毀旅館的聲譽，如果不公開道歉的話就要控告他。

於是侯波在電視台發表了一個聲明，向對方表示歉意：「我曾經說過，我住的旅館房間裡的老鼠都是駝背的，這句話說錯了。我現在鄭重更正：那裡的老鼠沒有一隻是駝背的。」

以退讓開始，以勝利告終，是柔與忍的做人哲學中的一條錦囊妙計。許多人能伸而不能屈，覺得要退讓低頭是比殺頭還難過的事。其實，有時候退讓並不像表面上看來的那麼簡單，它甚至會比進更有力量，更有殺傷力。

英國牛津大學有個名叫艾爾弗雷特的學生，因能寫點詩而在學校小有名氣。一天，他在同學面前朗誦自己的詩。有個叫查理斯的同學說：「艾爾弗雷特的詩我非常感興趣，它是從一本書裡偷來的。」艾爾弗雷特勃然大怒，非要查理斯當眾向他道歉不可。

查理斯想了想，答應了。他說：「我以前很少收回自己講過的話。但這一次，我認錯了。我本來以為艾爾弗雷特的詩是從我曾讀過的一本書裡偷來的，但我找到那本書翻開一看，發現那首詩仍然在那裡。」

人若只知進不知退，必有困辱之累，成不了大氣候。做人處世若能以弱勝強、以退為進，就可以減少一些不必要的煩惱。當我們在人生之路上前行的時候，有時也不妨停下來歇歇腳，也許路會走得更好。

避免讓自己光芒四射

一個人在複雜的社會環境中，不懂得謙虛謹慎是難以生存的。你雖然是一個很有才氣的人，但如果老是光芒四射，老是蓋住了其他人的「光芒」，搶盡他人的光彩，那麼，你就要格外小心了。

一次，某公司的副經理因為成績突出，在全公司的表揚大會上大出風頭，引起了眾人矚目。相形之下，其老闆卻被冷落了。

散會後，老闆不無妒意地握著副經理的手笑問：「祝賀你呀，感覺不錯！」

副經理很機伶地回答說：「從沒見過這麼大的場面，還有那麼多的大老闆，說實在的，講話的時候我還真有些緊張，生怕什麼地方說錯了。要能像您每次在台上那麼鎮定自若就好了，您有什麼秘訣呀？」

此時，老闆心中覺得好笑：堂堂副經理，上台講幾句話還這麼緊張，看來還是沒見過什麼場面啊！想到這些，老闆精神大為放鬆，態度明顯地恢復了正常。

這位副經理不可謂不聰明，他抓住老闆的心理，只幾句話，就掩蓋了自己的「鋒芒」，化解了老闆的嫉妒心理。

職場上，老闆喜歡以高姿態或低姿態出現，因人而異。但不管你的老闆個性傾向高調亦或低調，他們都不喜歡下屬用「比老闆更老闆」的姿態接人待物。假如你在職場上肆意「出風頭」，姿態比老闆更老闆，那麼你超越老闆的指數愈高，你受傷的程度就會愈大。

小事糊塗，大事精明

宋太宗年間的宰相呂端，是學生出身，肚子裡有不少才學。雖然經歷了五代末期的天下戰亂，世情艱苦歷練不少，但仍是滿身讀書人的呆氣。有人為此說呂端糊塗，但宋太宗趙光義卻偏偏認為他小事糊塗，大事不糊塗，決意任命他為宰相。

後來趙光義病重，宣政使王繼恩害怕太子趙恒英明，做了皇帝以後會對他們這一黨不利，於是串通了參知政事李昌齡、都指揮使李繼熏等，密謀廢掉太子，改立楚王為太子。此時，呂端到宮中看望趙光義，只見太宗快不行了。呂端發現太子卻不在旁邊，就懷疑事情有變，其中很可能有鬼，便在手板上寫了「大漸」二字，讓心腹拿著趕快去催太子儘快到趙光義身邊來，這個「漸」字的意思就是告訴太子皇帝已經病危了，趕緊入宮侍候。等到趙光義死後，皇后讓王繼恩宣召呂端，商議立誰為皇帝。呂端聽後知道事情不妙，他就讓王繼恩到書房去拿太宗臨終前賜給他的親筆遺詔。王繼恩不知是計，一進書房便被呂端鎖在房中。這時，呂端便很快地來到了宮中。

皇后說：「皇上去世，長子繼位才合情理，現在該怎麼辦？」意思很明顯，想立長子趙元佑。呂端立即反駁道：「先帝既立太子，就是不想讓元佑繼承王位，現在先帝剛剛駕崩，我們怎麼就可以立即更改聖命呢？」皇后聽了無話可說，心裡只有認了。事情到了這個地步，呂端仍不放心，他要眼見為實。太子即位時，呂端在殿下站著不拜，請求把簾子掀起來，自己上殿看清楚，認出是原先的太子，然後才走下台階，率領大臣們高呼萬歲。

水清無魚，人清無友。聰明的做人方式是小事愚，大事明。做人做事都不能太「認真」，該糊塗時就糊塗，只要不是原則問題，睜一隻眼閉一隻眼也未嘗不可。

用謙讓之心拓展生命之路

一位中年婦女，獲悉在外地工作的丈夫出了事故，她便立即直奔火車站，想搭當天下午的火車去看望丈夫。但正值下班時刻，售票窗口已排成長龍，面對此景她不知所措，急得禁不住不停地自語：「這該怎麼辦！這該怎麼辦！」排在她前面的一位老人，知道她的遭遇後，說了一句讓她永生感激的話：「您先請！」接著，前面的排隊者，也一個個說出同樣讓人怦然心動的話：「您先請！」

謙讓，是一種素養，是一種美德，是一種文明禮儀的標誌，它是人與人之間友好相處的「潤滑劑」，是構建文明與和諧社會的基本要素。

明朝時，河南洛陽有個叫董篤行的人在京城做事。一天，接到母親來信說家裡因蓋房子砌牆發生爭執，讓他出面干涉。董寄詩一首云：「千里捎書只為牆，不禁使我笑斷腸，你仁我義結近鄰，讓出兩牆又何妨。」董母覺得有道理，照辦。鄰居受到教育，也主動退讓。結果兩家共讓出八尺寬的地方，兩牆之間形成了一條通道，被稱為「仁義胡同」。

高明的人，懂得謙讓的道理，知道生命的可貴，所以他們心胸寬廣，生活幸福。生活和工作之中，有很多地方需要我們互相謙讓，如果每個人都能將方便主動給別人，那麼這個社會將會更加和諧、融洽、美滿。

謙虛是一種高尚的品德

一塊岩石長年累月地經受風侵雨蝕，裂開了一道縫隙。一棵小草的種子被沿途經過的大雁扔了下來，恰好落到這塊岩石的縫隙裡。春天來臨的時候，經過陣陣春雨的滋潤，種子終於發芽了，一棵嫩嫩的小草從岩石縫裡冒了出來。

這裡的生長條件非常艱苦，沒有廣闊的草原，沒有小鳥的歌唱，沒有野花的清香，更重要的是，這裡沒有她的兄弟姐妹。還好，這裡還有一塊岩石，與小草相依為命，要不然，小草就只能自己一個人孤零零的遠離故鄉了。

雖然這裡的條件相當艱苦，但小草仍然過得很開心。每天清晨醒來，她都會在微風中唱歌、跳舞，在無聊的時候，就會找岩石聊天。

岩石對小草說：「孩子，你怎麼到這裡來了呢？我們這裡太貧瘠了，養不活你啊！」

小草說：「老媽媽，你別擔心，我一樣會長得很好。」

就這樣，陽光愛撫地照耀著她，春風柔和地撫摸著她，雨露更不斷地給與這顆不平凡的幼芽最慈愛的關懷和哺育。

有了陽光和雨露的滋潤，小草漸漸地長大了，長得很健康，也很結實。雖然這裡經常會有大風大雨，但是小草每次都堅強地挺過去了。

岩石高興地說：「孩子，不錯，你是堅強的，值得我們驕傲！」接著，她用自己風化了的塵泥，把小草的根擁抱得更緊。

後來，一個詩人來到這裡，看見了這棵從岩縫裡長出的小草，不禁欣喜地吟詠道：「啊！小草的生命多麼頑強，我要千百遍的讚美它！」

小草謙虛地說：「值得讚美的不是我，是春風、陽光和雨露，還有緊抱著我的根的岩石媽媽。我要感謝她們，是她們，給了我生命，哺育我成長。」

一個人對自己應該有個客觀的評價，實事求是，不貶低自己，也不抬高自己，既能堅持正確的觀點，又能虛心向別人請教。

愛因斯坦（Albert Einstein）在世的時候，就已經是一位聲譽顯赫的物理學家，深受人們的敬仰。但他並沒有被榮耀沖昏頭腦，始終保持著謙虛的品質。他對別人把他當成偶像感到無法理解，對報刊上的宣傳和讚揚十分厭煩，特別是那些記者、畫師、雕塑師來找他拍照、畫像、塑像，更使他難以忍受，他說他簡直成了這些行業的模特兒了。

愛因斯坦從不認為自己是一個超人。他認識到，自己所走的道路是前人走過的道路的延伸，科學的新時代是在前人基礎上開闢的，因此他總是抱著敬仰和感激的心情讚賞前人的貢獻。他知道，在科學的道路上有許許多多人在共同奮鬥，各人有各人的工作，各人有各人的貢獻，因此他對同行的工作非常尊重。就是對自己的下屬和學生，愛因斯坦也沒有任何傲慢的表現，凡是和他接觸過的人，無不為他的和藹可親和平等待人而感動。他還總結了這樣一個成功的公式：A＝X＋Y＋Z，其中A代表成功，X代表艱苦的勞動，Y代表正確的方法，Z代表少說空話。他也從不認為自己是什麼天才，認為自己只是一個對真理忠實和勤勉的追求者。

謙虛就是虛心，不自滿，肯接受別人的批評。謙虛的人，就像水一樣，把自己的心態放得很低，別人只要有一點長處，馬上就可以看到並學到，漸漸地，他的能力、智慧便匯聚，人生的境界便提升。

得理也讓人三分

「和氣生財」，在商業經營中，即使遇到客人的無理行為，也儘量不要把事情弄僵，最好是能給客人一個體面的台階，讓他自己走下去，這樣既不使自己遭受損失，也不至於得罪客人。

當年，喬致庸的兄長喬致廣因與邱天俊在包頭爭做高粱霸盤，誤入邱家設置的圈套，大量吃進高粱，結果銀根吃緊，陷入困境，面臨倒閉，喬致廣因此悲憤成疾，過早去世。對喬家來說，邱家是不共戴天的仇敵。

喬致庸執掌喬家生意後，在師爺孫茂才的協助下，略施小計，使邱家大上其當，形勢急轉直下，面臨破產。在這樣的情況下，是發洩私憤，報仇為快，還是得理讓人，共建商界秩序？考驗著喬致庸。在孫茂才的勸導下，喬致庸沒有對邱家落井下石，窮追猛打，而是拋棄家仇大恨，主動與邱家和解，幫助邱家解困。

喬致庸此舉著實讓邱家感動不已。邱老東家發誓不僅不再與喬家為敵，而且要在喬家有難的時候鼎力相助。當喬致庸幫助左宗棠西征新疆的時候，邱家果然獻出巨資相援，履行了當初的諾言。

別人如果傷害了你而理虧的時候，你得理也要讓三分，而不能窮追猛打，否則別人沒有了退路，勢必極力反撲，你自己也就沒有了餘地，結果可能會兩敗俱傷。

不要讓憤怒控制了你

有個年輕的農夫，每次碰到與人發生糾紛快要起衝突時，他便立刻衝出現場，回到自家田園旁，繞著田地房舍左跑三圈右跑三圈，跑得氣喘吁吁，然後一屁股坐在家門前靜坐沉思。他這樣做次數多了便引起大家好奇，詢問他是怎麼一回事，他每次都笑而不答，眾人也理不出頭緒。由於他鮮少與人結怨，或者對人大發脾氣，因此人緣甚佳，樣樣事情都很順利，房子一間一間的增建，田地一直不斷擴充，不到幾年，早已是富甲一方的大亨。在每次遇到不愉快的場合，他仍像以前一樣轉身就走，跑回自己的家園左繞三圈右繞三圈。後來年紀一大把了，子孫們不忍見他如此疲累，紛紛勸阻並一再請求他說明箇中原因。拗不過大家的苦苦哀求，老農夫終於揭開數十年來的秘密。

秘密其實很簡單，農夫年輕時每次到想要發火的時候，不管誰是誰非，他總是跑回家，邊跑邊告訴自己：「我的房屋如此簡陋，田地這麼少，努力都還來不及，哪來閒工夫與人生氣爭吵？」等到有了點成就，農夫又這樣告訴自己：「我的事業都這麼大了，還為這麼一點小事與人爭鬥，度量也未免太小了吧！老天爺已對我這麼寬厚，我還計較什麼、氣憤什麼呢？」就這樣，一股似火山即將爆發的怒氣，就這麼被他的三圈跑步打消得無影無蹤。等到農夫老了的時候，他就這樣對自己說：「我現在是子孫滿堂，家庭和睦，富甲一方，應該是享福的時候了，我還要跟別人計較什麼呢？」

憤怒就像是壓力鍋中的蒸氣，不發散出來就會不停地鬱積，直至爆炸。人們應該用理性的態度來面對憤怒，讓它發洩出來，或與對方討論，找出原因，不要用偏激的方法來處理它。

有個淘氣的小男孩名叫阿朵，今年八歲。他個性很好強，對人對事都很暴躁，經常發脾氣，罵人，扔東西，家人常常教訓他，他有時也承認這樣做不好，但就是改不了。

後來，阿朵的父親想了一個辦法，他對兒子說：「孩子，你脾氣不好，常常罵人，是因為你心裡有氣，現在我給你一包釘子，一支錘子，你每發一次脾氣後，就在門口的圍欄上釘上一顆釘子，這樣就可以把脾氣發出去了。孩子接受了父親的意見，每發一次脾氣就釘上一顆釘子。」

有一天他發了八次脾氣，就釘了八顆釘子，第二天發了十次脾氣，加上與人吵架兩次，於是釘了十二顆釘子……如此一個月下來，他釘在圍欄上的釘子已經一百多顆。這時，孩子覺得釘這麼多釘子很累、很麻煩，就逐漸減少發脾氣的次數，釘釘子的數目也相對減少了，有時甚至每天只釘一顆，自己反而覺得舒服多了。最後他竟完全不發脾氣了，因而每天都不用釘釘子了。

孩子把這情況告訴了父親，父親表揚了他的進步，但又交給他一個任務：「你以後如果整天都不發脾氣，你就用鐵鉗拔掉一顆釘子。」孩子又照著去做，結果，經過一段頗長的時間，孩子把所有的釘子都拔掉了。他又高興地告訴父親，父親又表揚了他，說：「孩子，你能這樣做，我太高興了，但是，請你細心看看那圍欄上的木條，出現了多少傷痕，每顆釘子釘過的洞都留在那裡，永遠不能平復！這正如你過去發脾氣罵人一樣，你每罵一次別人，就好比在他的心上釘上一顆釘子，後來雖然把釘子拔掉了，但留在他心上的傷痕還存在啊！」孩子聽後完全覺悟了，對自己過去常常發脾氣罵人十分後悔，從此變成一個好孩子。

憤怒會傷害人的感情，影響、破壞團結。發怒時說出過激的語言，做出無禮的舉動，會導致人與人之間的感情產生裂痕，破壞人際間親密融洽的關係。

做人不可太驕傲

驕傲對所有的人都是公平的，它讓所有人都分享到它的「恩澤」，只是每個人用不同的表現方式和手段來表現它罷了。我們常常批評別人太過驕傲，但是卻看不到自己有同樣的品性：如果你自己沒有驕傲之心，就不會覺得別人的驕傲是種冒犯。

有一個學者，精通各種知識，自認為無人可以和自己相比，很是驕傲。他聽說有個禪師才學淵博，非常厲害，很多人在他面前都稱讚那個禪師，學者很不服氣，打算找禪師一比高下。學者來到禪師所在的寺院，要求面見禪師，並對禪師說：「我是來求教的。」

禪師打量了學者片刻，將他請進自己的禪堂，然後親自為學者倒茶。學者眼看著茶杯已經滿了，但禪師還在不停地倒水，水溢了出來流得到處都是。

「禪師，茶杯已經滿了。」

「是啊，是滿了。」禪師放下茶壺說，「就是因為它滿了，所以才什麼都倒不進去。你的心就是這樣，它已經被驕傲、自滿占滿了，你向我求教怎麼能聽得進去呢？」

學者聞後，備感慚愧。

面對一個驕橫傲慢的人，我們無須花時間與之理論，因為時間會證明一切，事實會證實他的價值，歷史會懲罰他的無知。

春天來了，田野裡的青草綠了，野花開了。蜜蜂「嗡嗡」唱著歡快的歌，蝴蝶在花叢中翩翩起舞。

高空上，一隻風箏俯視大地，廣闊的田野變成了一塊綠手帕，洶湧的大河成了鑲嵌在綠手帕邊上的絲帶。高山像一個個小土堆，巨大的樹木像一根根直愣愣的小草，矮小的房屋像放在綠手帕上的積木。風箏心想：有誰能夠在這麼高的地方，俯視過人間？

這時候，風箏看見了一隻小蜻蜓，它便對蜻蜓說：「你這個小東西，看看你自己，再看看我，我是多麼美，又是多麼大，而你是那麼醜，那麼小，還飛得那麼低，可真差勁。」還沒等蜻蜓開口，風箏就已經飛往高處了。

風箏又遇上了燕子，就對燕子說：「喲，燕子小姐，今天怎麼了？生病了？怎麼飛得這麼低啊？還不如我呢！」燕子聽了並不生氣，謙虛地說：「飛這麼低有什麼不好，飛高了，如果待會兒下雨了可躲不了！」

「胡說八道，今天天氣這麼好，怎麼會下雨呢？」說完，風箏就不理不睬飛走了。

風箏又碰上了一群小鳥。小鳥自由的在空中邊唱歌，邊飛翔。風箏見了，心裡不服，就過去對小鳥說：「快看我飛得多穩健啊！你飛得那麼低，還有臉唱歌，丟不丟臉啊？」

小鳥對她說：「我是飛得不夠穩健，因為我學習飛翔的時間還不夠長。」

半個小時後，天突然黑了，蜻蜓、燕子和小鳥都回家了，只有那只風箏還在那裡，過了一會兒，一陣傾盆大雨落了下來，把那只風箏淋成了「落湯雞」。

雨過天晴，太陽出來了，蜻蜓、燕子和小鳥再次飛上了天空，而那只驕傲的風箏卻在一堆草叢中凍得瑟瑟發抖。

驕傲會使人落後，驕傲也會使榮譽受損。從近處說，驕傲會限制個人的發展；從遠處談，驕傲會導致一事無成，斷送自己的前程。要知道人外有人，太過驕傲只能自取其辱。

爭強好勝不可取

有一隻老虎最喜歡出風頭，動輒跟人比高低、爭勝負，企圖耍弄別人，讓別人出醜和難堪，以顯示自己的聰明和能耐。然而其結果呢？往往是自己被別人耍弄了，甚至還因為爭強好勝丟了性命。

這天，老虎來到小鳥跟前，看見小鳥正在自由的盡情歌舞。老虎斜著眼睛說：「你這個醜東西，跳什麼！唱什麼！敢和我比賽嗎？」

「比就比！」小鳥說，「我們比在籐上跳舞吧！」

「那有什麼了不起！」老虎說。小鳥利用它靈活而小巧的身體，在籐上跳起舞來了。

小鳥跳完了，老虎爬到樹上，縱身向籐上跳去，結果摔了個四腳朝天。

老虎離開森林到田間，看見一隻鼴鼠睡在田埂上曬太陽。

「哎喲，怎麼連腳都沒有？」老虎嘲笑鼴鼠說。

「你別欺人太甚！」鼴鼠說，「我們比賽在人群中間跑過去如何？」老虎答應了。

鼴鼠從人群中間跑過去，很快地從人們腳下溜掉了。可老虎卻挨了一頓打。

被打得垂頭喪氣的老虎，非常狼狽的來到爛泥塘邊，躺下喘息。

當牠看到泥塘裡的田螺時，忘了前兩次的教訓，隨口便說：「哎喲！世上比你醜的再找不出第二個來了。」

田螺說：「虎大哥，請你過來和我比過泥塘吧！」老虎想，我只要兩下就跳過去了。它等螺螄前進。

田螺穩穩地移動著。老虎好勝心切，起身跳去，結果掉在泥塘裡，愈陷愈深，最後看不見老虎的影子了。

中國的大智者老子說：夫唯不爭，故天下莫能與之爭。這句話的意思是，正因為不與人爭，所以遍天下沒人能與他相爭。然而，人們在名利權位面前，常常忘乎所以，一個個爭得你死我活，大都落得遍體鱗傷、兩手空空。

一位顧客到茶室用茶。當他把檸檬與牛奶同時放入紅茶中時，發現牛奶結塊了。於是，他衝著服務小姐大聲喊道：「小姐！你過來！你過來！看看！你們的牛奶是壞的，把我一杯紅茶都糟蹋了！」

「真對不起！」服務小姐充滿歉疚的笑道，「我立刻給您換一杯。」

新紅茶很快就端上來了，茶碟旁跟前一杯一樣，放著新鮮的檸檬和牛奶。小姐輕聲地告訴顧客說：「我是不是能建議您，如果放檸檬，就不要加牛奶，因為有時候檸檬酸會造成牛奶結塊。」這位顧客的臉一下子紅了，他匆匆地喝完茶就離開了。

旁邊的人見此便笑問服務小姐：「明明是他的錯，你為什麼不直說呢？他那麼粗魯的叫你，你為什麼不還以一點顏色呢？」

「正因為他粗魯，所以要用婉轉的方式對待；正因為道理一說就明白，所以用不著大聲。」服務小姐說，「理不直的人，常用氣壯來壓人。理直的人，要用氣『和』來交朋友。」

遇事可以不必太過於認真。在大是大非問題上知道什麼是該做的，什麼是不該做的，符合生活的尺度和準則就可以了。那些雞毛蒜皮的小事，大可不必計較太多。忍一忍，裝一裝糊塗，反而會避免許多麻煩。

放下「身段」好做人

小田曾在一家公司工作，後來那家公司倒閉了，他就失業了，只好重新去找工作。可是，找了半年，他依然在家裡待業，苦悶極了。

父親問他：「這半年裡，難道就沒有一家公司願意錄用你？」

小田說：「有，可是薪水太低了，月薪大多只有兩萬多元。」

父親說：「兩萬多就兩萬多吧，先做起來再說。」

小田說：「那怎麼行？我在原來的那家公司月薪是三萬多元，我一定要找一份月薪三萬多元的工作。」

父親沒有說什麼。

過了一會兒，父親又對小田說：「跟我去賣一天菜吧。」

小田和父親賣的是花菜。在市場上一擺開，就有一個中年婦女來問：「這花菜怎麼賣？」

父親說：「二十塊錢一斤。」

中年婦女說：「人家的花菜最多十五塊一斤，你怎麼要二十塊一斤？」

父親說：「我的花菜是全市場裡最好的。」

中年婦女撇撇嘴，連價都不殺就走了。

他們的花菜確實是全市場最好的，賣二十塊錢一斤合情合理。可是一連幾個人來問過價後，都不買。小田有點兒著急了，就對父親說：「要不，咱們也賣十五塊錢一斤吧？」

父親說：「急什麼？我們的花菜這麼好，還怕沒人買？」

說話間，又有一個人來問價了。父親依然說二十塊錢一斤。這個人實在喜歡他們的花菜，就是嫌太貴了，他軟殺硬殺，一定要父親便宜一點兒，可父親就是不鬆口。那人咬咬牙說：「減兩塊，十八塊錢一斤，我全要了。」

父親說：「少一分都不賣。」那人只好嘆了口氣，走了。

已近中午，時間不早了，買菜的人愈來愈少，菜價開始往下跌。

別人的花菜大部分都賣完了，剩下沒賣的已經降到了十二塊錢一斤，他們再叫二十塊錢一斤就被人笑話了，只好降到十八塊錢一斤。還是沒人買，小田說：「我們乾脆也賣十五塊一斤算了。」

父親說：「不行，我們的花菜是最好的。」

中午過後，菜價跌得更厲害。花菜不能隔夜賣，接下來價格跌得更慘，十二塊、十角、九塊，黃昏的時候，有人乾脆論堆賣，八塊錢一堆。他們的花菜經過一天日曬，早已毫無優勢了。天快黑時，一個老頭用十塊錢買走了他們的一大堆花菜。

回家的路上，小田埋怨父親說：「早上人家給十八塊一斤你為什麼不賣？」

父親笑笑說：「是呀，那時候出手該有多好，可早上總以為自己的花菜值二十塊錢一斤，就像你現在總以為自己月薪必須三萬元一樣。」

第二天，小田就到一家公司去上班了，月薪兩萬多元。由於他出色的業績，半年後便被提升為公司主管。

禁錮於身段，只會把自己綁起來。一個人只有放下「身段」，路才會愈走愈寬。

有一位在美國留學的電腦博士，辛苦了好幾年，總算畢業了。可是，雖說是拿到了響噹噹的博士文憑，卻一時難以找到工作。沒有工作，生計沒有著落，這個滋味可是不好過。他苦思冥想，總算想到了一個絕妙的點子。

他決定收起所有的學位證明，以一個最低身分去求職。這個法子還真靈。一家公司老闆錄用他做程式輸入員。這份工作，對他來說簡直是拿高射炮打蚊子——大材小用。不過，他還是一絲不苟，勤勤懇懇的工作。

沒過多久，老闆發現這個新來的程式輸入員非同一般，他竟然能看出程式小的錯誤。這時，這位小夥子掏出了學士證書。老闆二話沒說，立刻給他換了個與大學畢業生相匹配的職位。

又過了一段時間，老闆發現他時常還能為公司提出許多獨到而有價值的見解，這可不是一般大學生的水準呀！這時，這位小夥子又亮出了碩士學位證書，老闆看了之後又提升了他。

他在新的崗位上做得很出色，老闆覺得他還是高人一籌。於是，老闆把他找到辦公室，對他進行詢問，這時，這位聰明人才拿出來他的博士證書。這時老闆對他有了全面的了解，便毫不猶豫地重用了他，這位博士也終於獲得了成功。

放下學歷、放下家庭背景、放下身分，讓自己回歸到「普通人」。不要在乎別人的眼光和批評，做你認為值得做的事，走你認為值得走的路！

以情理服人得人心

富蘭克林（Benjamin Franklin）還是個毛躁的年輕人時，有一天，一位教友會的老朋友把富蘭克林叫到一旁，把他尖刻地訓斥了一頓：「你真是無可救藥，你已經打擊了每一位和你意見不同的人。你的意見變得太珍貴了，以至於沒有人承受得起。你的朋友發覺，如果你不在場，他們會自在得多。你知道得太多了，沒有人能再教你什麼，因為那樣會吃力不討好，又弄得不愉快。因此你不可能再吸收新知識了，但你的舊知識又很有限。」

富蘭克林接受了那次嚴厲的批評。他決定立即改掉傲慢、粗野的性格。

於是，富蘭克林給自己立下了這樣一條規矩：絕不正面反對別人的意見，也不准自己太武斷。

他甚至不允許自己在文字或言辭上太肯定。他不說「當然」、「無疑」等，而改用「我想」。當別人陳述一件他不以為然的事情時，他絕不立刻駁斥，或立即指出錯誤。他會在回答的時候，表示在某些條件或情況下，別人的意見並沒錯，但在目前看來好像稍有不當等等。他很快就領會到改變態度的收穫，凡是他參與的談話，氣氛都融洽得多了。

要懂得用道理去征服別人，而不是用力量來壓制他人屈服。以謙虛、理性的態度來表達自己的意見，不但容易被他人接受，還能減少了一些衝突。

歐哈瑞曾是紐約懷德汽車公司的明星推銷員，來聽聽他成功的說法：

「如果我走進顧客的辦公室，而對方說：『什麼？懷德卡車？不好！你送我我還不要呢！我要的是何賽的卡車。』我會對他說：『老兄，何賽的貨色的確不錯。買他們的卡車絕對錯不了，何賽的車是知名公司的產品，業務員也相當優秀。』

「這樣他就無話可說了，沒有爭論的餘地。如果他說何賽的車子最好，我說不錯，他只有住口。他總不能在我同意他的看法後，還說一下午的『何賽的車子最好』。接著我們不再談何賽，我開始介紹懷德汽車的優點。

「當年若是聽到那種否定懷德的話我早就氣得不行了，而開始挑何賽的錯的話，我愈批評別的車子不好，對方就愈說它好；愈是辯論，對方就愈喜歡我的競爭對手的產品。

「現在回憶起來，真不知道過去是怎麼做推銷工作的。我一生中花了不少時間在爭辯，我現在卻守口如瓶了。實驗證明，果然有效。」

即使在態度溫和的狀況下，要改變別人的主意都不容易，何況採取更激烈的方式呢？聰明的人，要懂得不失理性，以理服人，不要老是直接反對或斥責別人，那樣的成效甚微或適得其反。

第 8 篇

激發潛能超越自我

Instead of Changing Others, Change Yourself

出奇方能制勝

出奇制勝就是打破常規，用對手意想不到的新奇手段戰勝對手。它的核心，就是「變化」二字，而「變化」，正是宇宙間一切事物運行的普遍規律。唯物辯證法認為，宇宙間萬事萬物都是發展變化的，唯有發展變化的這個規律是不變的。

「出奇制勝」這個法則不僅用於軍事上，在商界它也屢建奇功，歷代不少商界英豪就是運用它而擊敗對手，搶占市場，成為巨富的。不但如此，在體育界，在股市，在一切有競爭的場所，我們都可以看到「出奇制勝」的成功事例。

澳洲有一家餐館老闆，挖空心思想出一招：顧客就餐後，吃得滿意，可以多付款，吃得不滿意，可以少付款。此招一出，許多顧客紛紛來餐館用餐，也因把握不準「價格標準」而不好意思少付錢，所以餐館每月獲利竟比同行高出一倍多。

據統計，約有90％的顧客超過付款標準，7％的顧客按標準付款，而鑽漏洞的僅占3％，這種出奇的經營方法，說明經營者有膽有識，勇於冒風險，並且善於研究消費心理，引導消費。好奇心驅使人們要來看個究竟，於是自然而然就邁入這家餐館，使餐館取得頗豐的經濟效益。

出奇制勝，是一種智慧，就是要敢想常人之不敢想；出奇制勝，是一種勇氣，就是要敢做常人之不敢做。要想超出眾人，出類拔萃，就必須有一點「絕招」，才能想人所未想，為人所未為，出奇制勝。

掌握借力使力訣竅

會借別人的力量來幫助自己，就等於讓別人為自己工作。無論是你的朋友，還是你的顧客，或者是你根本不曾相識的人……只要你會「借」，就能夠使他們心甘情願的幫你做事，做到「畢其智為己所用」，就一定能夠心想事成。

人並不是天生註定一輩子與成功無緣的。只要有靈活的頭腦，同時能抓住機遇，一樣能勤勞致富。

擁有全世界私人船隻噸位第一的是美國人丹尼爾・路維格（Daniel K. Ludwig），

他的成功完全是靠「借錢」來發展的。最初，路維格打算借錢把一艘貨船買下來，再改裝成油輪，因為載油比載貨更為有利可圖。他到紐約去找幾家銀行談借錢的事，人家看了看他那磨破了的襯衫領子，又見他沒有什麼可做抵押，就拒絕借錢給他。路維格來到大通銀行，他對大通銀行的總裁說，他把貨輪買下後，立即改裝成油輪，他已把這艘尚未買下的船租給了一家石油公司。石油公司每月付給的租金，正好可以每月分期還他要借的這筆款子，他提出把租契交給銀行，由銀行去跟那家石油公司收租金，這樣就等於在分期還款。

大通銀行的總裁聽了路維格這番奇怪的言論後，心想：路維格一文不名，也許沒有什麼信用可言，但是那家石油公司的信用卻是可靠的。拿著他的租約去石油公司按月收錢，這自然會十分穩當，除非有預料不到的重大經濟災難發生。但退一步而言，假如路維格把貨輪改裝成油輪的作法結果失敗了，但只要這艘船和石油公司存在，銀行就不怕收不到錢。

於是，大通銀行同意把錢借給了路維格，路維格買下了他所要的舊貨船，改成油輪，租了出去。然後又利用這艘船做抵押來借另一筆款子，從而再買一艘船。路維格的精明之處在於利用那家石油公司的信用來增強自己的信用。

這種情形繼續了幾年，每當一筆債付清之後，路維格就成了這條船的主人，租金不再被銀行拿走，而是由他放入自己的口袋。

後來路維格又準備著手籌建造船公司。他設計一般油輪或其他用途的船隻，在還沒有開工建造的時候，他就與人簽約，願意在船完工的時候把它租出去。路維格拿著船租契約，跑到一家銀行去借錢建船。這種借款是延期分期攤還的方式，銀行要在船下水之後才能開始收錢。船一下水，租費就可轉讓給銀行，於是這筆貸款像他開始借款買船時一樣付清了。等到一切手續辦妥，路維格就成了當然的船主，可是他當初自己並沒有花一毛錢。

當路維格「發明」的這種貸款方式暢通之後，他先後租借別人的碼頭和船塢，繼而借銀行的錢建造自己的船。就這樣，路維格有了自己的造船公司。在第二次世界大戰期間，美國政府購買了路維格所建造的每一艘船，他的造船公司就這樣迅速地發展起來。

「借力」不僅是發財的高招，也是一個成大事者必須具備的能力，畢竟一個人的能力是有限的，如果只憑自己的能力，會做的事很少。當然，自食其力的人是很值得別人去尊敬的。但如果你同時懂得藉助他人的力量，就可以無所不能、無往而不勝了。

只要你能夠領悟「借力」的思想，學習「借力」的方法，掌握「借力」的技巧，從此你便能夠開始走向成功。

借勢成事顯智慧

每一個人都想活得體面，活得瀟灑，要想解決這些問題，除了自身的不懈努力之外，更需善於借勢。正所謂天時、地利、人和，缺一不可，自身缺少某一樣的時候，就要善於從他處借勢。

一個人有無智慧，往往表現在做事的性格上。山外有山，人外有人。自然，借用別人的智慧，助己成功，是必不可少的成事之道。

東漢末年，曹操在平定北方、統一中原之後，統率二十萬（號稱八十萬）大軍沿長江東進，企圖迫使占有江南六郡的孫權不戰而降，然後一統中國。

這時候，屢遭敗績的劉備已退守到長江南岸的樊口。受劉備的委託，諸葛亮隻身一人前往柴桑會見孫權。諸葛亮舌戰群儒，堅定了孫權迎戰曹操的決心，於是，孫權和劉備結為聯盟，共同抗曹，孫、劉的軍隊與曹操的軍隊在赤壁相遇，拉開了赤壁大戰的序幕。

曹操軍隊不善水戰，初次交鋒，孫、劉占了上風。曹操命令荊州降將蔡瑁、張允訓練水軍，周瑜大會群英，巧施離間計，使曹操斬殺蔡瑁、張允。曹操失去善於水戰的指揮，窘迫之際，將大船、小船或三十為一排，或五十為一排，首尾用鐵環連鎖在一起。這樣，大江之上，任憑風大浪大，戰船不再顛簸，曹操以為得計。

周瑜得知消息，決心用火攻打敗曹軍。但是，時值冬季，江上多西北風，如果用火攻，不但燒不了曹軍，反倒要燒了自家戰船，周瑜為此坐臥不寧。而諸葛亮能察天文地理，早已測知冬至前後將會有一場大東南風出現，於是自告奮勇，要「借」一場東南大風，助周瑜一臂之力。

周瑜驚喜若狂，又得大將黃蓋以死相助，以「苦肉計」騙得曹操的信任。在東南風乍起之時，駕著十餘隻載滿澆上了油和裹有硫黃、乾草等易燃物的戰船，在夜幕來臨之際，迅速接近了曹操的戰船。黃蓋一聲令下，點燃乾草，十餘艘戰船在東南風的勁吹之下，猶如十餘隻火龍，直撲曹操的戰船。

時間，江面上煙火沖天。曹操的戰船連在一起，一船著火，幾十隻船跟著起火，曹操的水軍士兵大部分被燒死、溺死在江中。火從江面蔓延到曹軍岸邊的營寨，岸邊的曹營也變成了一片火海。

孫、劉聯軍乘勢水陸並進，曹操從華容道僥倖逃得性命，二十萬大軍損失殆盡。

讓我們再舉一個借勢成事的例子：

一九八〇年，美國總統競選的決戰在共和黨候選人雷根，與民主黨候選人卡特之間進行，由於當時二人的實力旗鼓相當，因此他們展開了美國競選史上最激烈的爭奪戰。

當時的卡特是已經當政四年的在職總統，但政績並不突出，而且內政方面不能令人滿意，令國內通貨膨脹加劇，失業人數猛增等等。人們對這些有關國計民生的問題十分不滿，怨聲載道。而這些正好成了雷根手中的王牌，他集中火力攻擊卡特經濟政策失誤，並聳人聽聞的宣稱他要消除「卡特大蕭條」。

而這時的卡特也抓住廣大民眾關心的戰爭與和平問題，指責雷根增加防務開支的主張是好戰之舉。

雷根與卡特就是這樣唇槍舌劍，拳來腳往，雙方一時難決雌雄。二十世紀八〇年代的美國，廣播、電視、報紙等大眾傳播媒體對人們的影響極為廣泛。一個人的形象，在美國民眾的心中往往占有重要位置，有時甚至直接決定了選民投誰一票。所以，總統選舉，與其說是選民在選擇候選人的政策綱領，不如說是在品味候選人的性格、智慧、精力、風度。在這方面，雷根可以說是占據得天獨厚的優勢。

在雷根成為共和黨總統候選人之後，他當年在好萊塢演過的電影，一下子成了熱門，全國各地電影院、電視台爭相放映。這股雷根影視熱風，無疑替雷根做了一次絕好的宣傳。人們從影視中看到，當年的雷根英俊瀟灑、精明能幹，而現在仍然生機勃勃、幹勁十足，風度不減當年。

在雷根影視風興起的同時，還借電視媒體極力展示自己的風采。在與卡特的電視辯論中，雷根表現得能言善辯、妙語如珠，而卡特則相形見絀，呆板遲鈍，結結巴巴。因此在投票之前關鍵性的一場電視辯論後，民意測驗的結果，支持雷根的人上升到67％，支持卡特的人下降為30％。一九八〇年十一月四日大選結果，雷根以絕對優勢大獲全勝。

善於借勢是成大事者最普遍採用的方法之一，其絕佳效果在於借力發揮，占得主動；也就是說，它的直接效果是：花最小的力氣，取得最大的收穫。

借勢是一種高智慧的謀略，可以以少勝多，以弱勝強、以小搏大，是一種獲得優勢或轉危為安、轉弱為強的策略。

激發潛能就能創造奇蹟

潛能激發的前提是，相信所有人都具有巨大的潛能，而且這些潛能還沒有被釋放出來。雖然人們可以通過自我激勵來開發潛能，但更可靠、更適用的方法是透過外部的激發帶來能量的釋放。

潛能是蘊藏在人體內的一種強大的力量，一旦激發就會創造超越自我的奇蹟。一項調查說明，常人潛能的利用率只有6%～8%，像愛因斯坦這樣偉大的科學家也僅使用了10%左右，換句話說，人所利用的潛能只是蘊藏在體內潛能的極少的一部分，如果這些未被利用的潛能全部釋放出來，人人都是超人！

在法國一個位於野外的軍用飛機場上，一位名叫桑尼耳的飛行員正在專心致志地用自來水槍清洗戰鬥機。突然，他覺得有人用手拍了一下他的後背。回頭一看，他嚇得大叫一聲，拍他的不是人，是一隻碩大的黑熊！牠正舉著兩隻前爪站在他的背後！桑尼耳急中生智，迅速把自來水槍轉向黑熊。也許是用力太猛，在這萬分緊急的時刻，自來水槍竟從手上滑了下來，而黑熊已朝他撲了過去……他閉上雙眼，用盡吃奶的力氣縱身一躍，跳上機翼，然後大聲呼救。

警戒哨裡的哨兵聽見了呼救聲，急忙端著衝鋒槍跑了出來。兩分鐘後，黑熊被擊斃了。

事後，許多人都大惑不解：機翼離地面最起碼有二·五公尺的高度，桑尼耳在沒有助跑的情況下居然跳了上去，這可能嗎？如果真是這樣，桑尼耳不必再當飛行員了，而是去當一名跳高運動員，去創造世界紀錄。

每個人都具有相當大的潛能。愛迪生曾經說過：「如果我們做出所有能做的事情，我們毫無疑問地會使自己大吃一驚。」

在第二次世界大戰期間，一艘美國驅逐艦停泊在某國的港灣，那天晚上萬里無雲，明月高照，一片寧靜。一名士兵例行巡視全艦，突然停步站立不動，他看到一個烏黑的大東西在不遠的水上浮動著。他驚駭的看出那是一枚觸發水雷，可能是從一處雷區脫離出來的，正隨著退潮慢慢向著艦身中央漂來。他抓起艦內通訊電話機，通知了值日官，值日官馬上快步跑來。他們也很快地通知了艦長，並且發出警報，全艦立時動員了起來。官兵都愕然地注視著那枚慢慢漂近的水雷，大家都了解眼前的狀況，災難即將來臨。

軍官立刻提出各種辦法：他們該起錨走嗎？不行，沒有足夠的時間；發動引擎使水雷漂離開？不行，因為螺旋槳轉動只會使水雷更快地漂向艦身；以槍炮引發水雷？也不行，因為那枚水雷太接近艦裡面的彈藥庫。那麼該怎麼辦呢？放下一隻小艇，用一根長竿把水雷帶走？這也不行，因為那是一枚觸發水雷，同時也沒有時間去抓下水雷的雷管。悲劇似乎是沒有辦法避免了。

突然，一名水兵想出了比所有軍官所能想到的更好的辦法。「把消防水管拿來。」他大喊著。大家立刻明白這個辦法可行。他們向艦艇和水雷之間的海上噴水，製造一條水流，把水雷帶向遠方，然後再用艦炮引爆了水雷。

這位水兵真是了不起。他當然不凡——但他卻只是一個凡人。他具有在危機狀況下冷靜而正確思考的能力。我們每個人的身體內部都有這種天賦的能力。也就是說，我們每一個人都有創造的潛能。不論有什麼樣的困難或危機影響到你的狀況，只要你認為你行，你就能夠處理和解決這些困難或危機。對自己的能力抱著肯定的想法，就能發揮出積極的心智力量，並且因而產生有效的行動。

你有沒有聽過一隻鷹自以為是雞的寓言？

一天，一個喜歡冒險的男孩爬到父親養雞場的一座山上去，發現了一個鷹巢。他從巢裡拿了一個鷹蛋，帶回養雞場，把鷹蛋和雞蛋混在一起，讓一隻母雞來孵。孵出來的小鷹和所有的小雞一起長大，因而不知道自己除了是小雞之外還會是什麼。

開始這隻小鷹很滿足，過著和雞一樣的生活。但是，當牠逐漸長大的時候，牠內心裡就有一種奇特不安的感覺。牠不時地想：「我一定不只是一隻雞！」只是牠一直沒有採取什麼行動。直到有一天，一隻了不起的老鷹翱翔在養雞場的上空，小鷹感覺到自己的雙翼有一股奇特的新力量，感覺胸膛裡心正猛烈的跳著。牠抬頭看著老鷹的時候，一種想法出現在心中：「養雞場不是我待的地方。我要飛上青天，棲息在山岩之中。」

小鷹從來沒有飛過，但是牠的內心裡有著飛的力量和天性。牠展開了雙翅，飛升到一座矮山的頂上。極為興奮之下，牠再飛到更高的山頂上，最後衝上了青天，到了高山的頂峰，發現了偉大的自我。

當然會有人說，那不過是則很好的寓言而已。我既非雞，也非鷹。我只是一個人，而且是一個平凡的人。因此，我從來沒有期望過自己能做出什麼了不起的事來，或許這正是問題的所在——你從來沒有期望過自己能夠做出什麼了不起的事來。這是實情，而且這是嚴重的事實，那就是我們只把自己局限在我們自我期望的範圍以內。

在人的一生中，無論在何種情形下，你都要不惜一切代價，走入一種可能激發你的潛能的氛圍中，去發揮自己最大的潛能，實現自己的人生價值。

夢想可以成為現實

生活有無數的可能，夢想就是這些可能中的精華。夢想是對人生的期許，是對未來的設計。但是，如果我們不透過執著的追求、不懈的努力使它變成現實，它就只能停留在這種設計上。

偉大的夢想通常促使我們發揮自身的最佳能力，激勵我們努力工作，瞄準目標，全力以赴。

羅馬納・巴紐埃洛斯（Romana Banuelos）是一位年輕的墨西哥女孩，十六歲就結婚了。在兩年當中她生了兩個兒子，丈夫不久後離家出走，巴紐埃洛斯只好獨自支撐家庭。但是，她決心謀求一種令她自己及兩個兒子感到體面和自豪的生活。

於是，巴紐埃洛斯帶著一塊普通披巾包起全部財產，帶著兩個孩子，跨過里奧蘭德河，在德州的艾爾帕索安頓下來。她開始在一家洗衣店工作，一天僅賺一美元，但她從沒忘記自己的夢想，即要在貧困的陰影中創建一種受人尊敬的生活。於是，口袋裡只有七美元的她，又帶著兩個兒子乘公共汽車來到洛杉磯尋求更好的發展。

巴紐埃洛斯來到洛杉磯後，她開始做洗碗的工作，後來是找到什麼工作就做什麼。拚命賺錢，直到存了四百美元後，便和她的姨媽共同買下一家擁有一台煎餅機及一台烤小玉米餅機的店。巴紐埃洛斯與姨媽共同製作的玉米餅非常成功，後來還開了幾家分店。直到最後，姨媽感覺到工作太辛苦了，巴紐埃洛斯便買下了她的股份。不久，巴紐埃洛斯經營的玉米餅店鋪成為全國最大的墨西哥食品批發商，擁有員工三百多人。

巴紐埃洛斯和兩個兒子經濟上有了保障之後，這位勇敢的年輕婦女便將精力轉移到提高她美籍墨西哥同胞的地位上。

「我們需要自己的銀行。」她想。後來她便和許多朋友在東洛杉磯創建了「泛美國民銀行」，這家銀行主要是為美籍墨西哥人所居住的社區服務。

抱有消極思想的專家們告訴她：「不要做這種事。」他們說：「美籍墨西哥人不能創辦自己的銀行，你們沒有資格創辦一家銀行，而且永遠不會成功。」

「我行，而且一定要成功。」巴紐埃洛斯平靜地回答說。

結果巴紐埃洛斯真的夢想成真了。她與夥伴們在一個小拖車裡創辦起他們的銀行。可是，到社區銷售股票時卻遇到另外一個麻煩，因為人們對他們毫無信心，於是她向人們兜售股票時遭到拒絕。

他們問巴紐埃洛斯：「你怎麼可能辦得起銀行呢？」「我們已經努力了十幾年，總是失敗，你知道嗎？墨西哥人不是銀行家呀！」

但是，她始終不放棄自己的夢想，努力不懈，如今，這家銀行取得偉大成功的故事在東洛杉磯已經傳為佳話。後來她的簽名出現在無數的美國貨幣上，她由此成為美國第三十四任財政部長。你能想像得到這一切嗎？一名默默無聞的墨西哥移民，卻胸懷大志，後來竟成為世界上最大經濟實體的財政部長。

這種成就並不是只要有目標就能取得的。定下目標只是第一步，第二步更重要，就是使計畫如何成為現實。

不要讓日常生活淹沒了夢想或使夢想失去了光彩，也不要因為希望渺茫而放棄了夢想。要為了夢想不屈不撓，要讓夢想保持永恆的活力，要保持一種良好的精神狀態，這樣，你的人生就會因為這個夢想而改變。

善於發現和挖掘智慧

智慧本就無處不在，但常常被人忽視，像丟在大街上的木屑一樣令多數人熟視無睹。只有善於發現和挖掘自身智慧的人，才能把握機遇，創造財富。

要想致富，就需要依靠自己的智慧和勤奮。智慧有無窮的力量，能改變很多事情。也許你開始貧窮，但只要運用好智慧，成功的路途並不遙遠。

不少貧寒的人沒有富家子弟那樣的條件，也沒有原始累積做創業的金錢。但是，窮人從來都不缺充滿才智的頭腦和敏銳的嗅覺。

盧俊雄是中國華隆集團的創辦人。十歲便偷偷地背著家人，帶著十多元錢買來的外國郵票到武漢闖蕩，顯示了他的經營天賦。在華隆發展公司他的辦公室的牆上有一把掛扇，上面寫著「天生我才」四個大字，表達了他的勃勃雄心。

盧俊雄是個富有靈感、悟性極高的經營奇才。大學期間，他採用了與別人完全不同的方式從事郵票經銷活動。細心的盧俊雄首先通過〈集郵〉雜誌和郵票公司搜集了全國兩千多個集郵愛好者的姓名和地址，這些名單潛藏著賺錢的巨大機會，一般人恐怕想不到這個絕妙的辦法。

然後，盧俊雄用賣賀卡賺來的幾千元錢辦了一份雙面八開鉛印的〈南華郵報〉，刊的一面是郵市資訊，一面是郵票品種名稱目錄，免費寄給他搜集到的名單上的集郵愛好者。盧俊雄知道捨不得投入也就「套」不住集郵愛好者，幾千元的投入在當時可以說是「血本」，弄不好可能會血本無歸。但鉛印的〈南華郵報〉解除了他的顧慮，也贏得集郵愛好者的信任，一切安排得相當周全、井井有條。

兩千多份免費的〈南華郵報〉寄往全國二十九個省、直轄市、自治區，不久，寄錢來求購郵票的果然不少。

關鍵問題是盧俊雄此時實際上也就相當於開了個「空殼公司」，郵票到哪裡去弄？其實，儘快拿到所需郵票的方案在辦報時他就想好了。

郵報寄出後，盧俊雄手裡所剩資金無幾，根本無力購下大批郵票坐等讀者來買，他沒有那麼多錢，只有用別人的錢來化解危機。於是他就到一個郵票大戶那裡訂了兩萬元的郵票，對那人承諾：「你給我留兩個月，我先交出兩千元訂金，如果我在兩個月內賣不掉一半，這訂金我就一分錢也不要了。」郵商聽他提出的交換條件很講義氣，覺得沒有虧吃，就爽快地答應了。結果僅用了一個月的時間，他就銷出了兩萬元錢的郵票，取得了第一次經銷郵票的成功。

盧俊雄前期的投入得到了回報，在集郵愛好者中引起了空前的回應。透過這件事的籌辦，足以看出盧俊雄不凡的經營才能。郵報創辦到第五期時，他已經擁有了五萬多個客戶，就連創刊三十多年的〈集郵〉雜誌也看到了盧俊雄的能力和實際號召力，首次破例答應為他做一個廣告。真是時來運轉，〈集郵〉雜誌的銷售廣告使盧俊雄的郵票生意當月就達到了三十多萬元的營業額，這對一個尚在學校學習的大學生而言，是很可觀的。

但盧俊雄並沒有被勝利沖昏頭腦，他馬上意識到與〈集郵〉雜誌搞好關係是發財的好契機，他決定抓住這點不放，於是他又去與〈集郵〉雜誌的負責人商量，為他做一次全國首居集郵通訊的拍賣廣告。這真是個異想天開的思路，在中國是第一次，但他又成功了。

商業動機無疑就是為了盈利，但不能只顧盈利不顧及其他，還要妥善解除客戶的後顧之憂，方能如願以償。盧俊雄的頭腦比別人機靈，還表現在他善於在關鍵環節附加一條對客戶有利的「誘惑」。

盧俊雄後來涉入房地產生意時，手頭僅有幾年辛勤積累起來的小額資金。但他並不墨守成規，他決心不貸款、不出錢，只用自己的腦袋瓜去嘗試房地產生意。

首先是搜集房地產資訊，詳細研究、周密分析，謹慎選擇了一些在市中心位置較好的舊房子，預支五千元的訂金，對房東承諾一個月就以一平方公尺八百元買下。這時的他「貨」是摸在手中了，但資金怎麼解決？

這個世界上就有一種奇怪的事：有錢的人未必能做成事，做成事的人未必有錢。盧俊雄馬上去找急欲買房子的港台商人和外商，對他們談了自己的計畫：找裝修公司先對舊房子裝修、改造並安裝電話，修整好後以一平方公尺兩千元的價格出售給他們。為了引起港台商人和外商的興趣，盧俊雄設置了一個「誘餌」：如果客戶買下的那間房子以後不住了，他保證以不低於買價的價格幫他賣出。這一招果然深受主顧歡迎。

其實盧俊雄的「誘餌」只有他自己明白，他不愁幫助客戶賣出房屋，因為房價總是在漲。這一點就是盧俊雄的智慧。

當智慧的火花閃耀時，抓住了它，也就抓住了本錢。此時，智慧已不僅僅是你的聰明，而是一種創業的資本。

成功源於打破常規

人們有時會對習以為常的事情失去判斷力，會習慣於遵循以往的觀念想法，總是按照常規去做一些事情，卻不知道機遇往往隱藏在我們的靈機一動之中。

通常情況下，具有突破性思考特徵的人，他們和舊式的行業規則格格不入，對每件事都產生質疑，不喜歡墨守成規，偏愛自由、開放。這也是為什麼說「最具突破思考力的是小孩子」的最好理由。

在一次歐洲籃球錦標賽上，保加利亞隊與捷克斯洛伐克隊相遇。當比賽剩下八秒鐘時，保加利亞隊以兩分優勢領先，一般說來已穩操勝券。但是，那次錦標賽採用的是循環制，保加利亞隊必須贏球超過五分才能取勝。可要用僅剩下的八秒再贏三分，談何容易。

這時，保加利亞隊的教練突然請求暫停。許多人對此舉付之一笑，認為保加利亞隊大勢已去，被淘汰是不可避免的，教練即使有回天之力，也很難力挽狂瀾。暫停結束後，比賽繼續進行。這時，球場上出現了眾人意想不到的事情：只見保加利亞隊拿球的球員突然運球向自家籃下跑去，並迅速起跳投籃，球應聲入網。這時，全場觀眾目瞪口呆，全場比賽時間到。但是，當裁判宣佈雙方打成平局需要延長賽時，大家才恍然大悟。保加利亞隊這出人意料之舉，為自己創造了一次起死回生的機會。延長賽的結果，保加利亞隊贏了六分，如願以償地出線了。

心理學家的研究結果表明，我們所使用的能力，只有我們所具備能力的2%～5%。這就更有必要提倡打破常規的創造性思維。在一般情況下，按常規辦事並不錯。但是，當常規已經不適應變化了的新情況時，就應解放思想，打破常規，善於創新，另闢蹊徑。只有這樣，才可能化缺點為優點，化弊端為有利，化腐朽為神奇，在似乎絕望的困境中尋找到希望，創造出新的生機，取得出人意料的勝利。

多年以前，豐田公司發現，世界上有許多人想購買賓士車，但由於定價太高而無法實現。於是，豐田公司的工程師放手開發凌志（Lexus）汽車。豐田公司在美國宣傳凌志時，將其圖片和賓士並列在一起，用大標題寫道：用三萬六千美元就可以買到價值七萬三千美元的汽車，這在歷史上還是第一次。

經銷商列出了潛在的顧客名單，並送給他們精美的禮盒，內裝展現凌志汽車性能的錄影帶。錄影帶中有這樣一段內容：一位工程師分別將一杯水放在賓士和凌志的發動機蓋上，當汽車發動時，賓士車上的水晃動起來，而凌志車上的水卻沒有動，這說明凌志發動機行駛時更平穩。

面對這一突如其來的挑戰，賓士公司不得不重新考慮定價策略。但出人意料的是，賓士公司並沒有採取跟隨降價的辦法，而是相反，提高了自己的價格。對此，賓士公司的解釋只有一句話：賓士是富裕家庭的車，和凌志不在同一個層次。賓士公司認為，如果降價，就等於承認自己定價過高，雖然一時可以爭取到一定的市場份額，但失去市場忠誠度，消費者會轉向定價更低的公司。如果保持價格不變，其銷售額也會不斷下降。只有提高價格，增加更多的保證和服務，例如免費維修六年，才可以鞏固賓士原有的地位。就這樣，賓士公司不是跟隨和盲從，而是以超常思維和手段，化被動為主動，擺脫了來自凌志的挑戰。

傳統和常規雖然在以前可能是正確的，但形勢變了，思維也需要跟著改變。成功者的特別之處，就在於他們善於打破傳統，開創新思路，並使得結果完全改觀。

有時常規是束縛創造力的關鍵，如果我們能夠打破常規，衝出重圍，就可以開啟成功的大門，否則，永遠只能在成功的邊緣徘徊。

變換思維悟真諦

今天的社會，是一個充滿了競爭的社會。競爭無處不在，競爭殘酷激烈。面對競爭，我們要有足夠的堅強來接受失敗的打擊和考驗。但有些打擊和失敗不是來自於對手，而往往是我們傳統的思維、自以為是的經驗在作怪，這時，我們如果變換一下思維，運用大腦發揮我們的智慧，就容易取得最佳效果。

變換思維的角度，是解決問題的一種有效策略。在解決實際問題的過程中，當運用常規的思路陷入困境時，如果能及時地變換思維的角度，往往能產生意想不到的效果。

有個教徒在教堂祈禱時想吸菸，他問在場的神父：「祈禱時可以抽菸嗎？」

神父冷冷地掃了他一眼：「不行！」

這時另一個教徒也想吸菸，他便換了一種方式問神父：「在抽菸時可不可以做祈禱？」

神父想了想回答說：「當然可以。」

同樣是抽菸加祈禱，用要求祈禱時抽菸的方式表達，就似乎意味著對耶穌的不尊重；而用抽菸時可不可以祈禱的方式表達，則可以表示在休閒、抽菸時都在想著神的恩典，神父當然就沒有理由反對了。

可見，用顛倒過來的智慧，從相反的角度去考慮你所要解決的問題，也許就會得到你想要的結果。當然，世界上的事情是不斷變化的，光靠相反的角度有時並得不到連續性的效果，而是要把一個問題折幾個來回，調幾個角度，方能顯出變換思維而取得的最佳效益。

考比爾．鐘斯是美國二十世紀五〇年代最著名的出版商。當時，受美國經濟危機的影響，出版業非常蕭條，鐘斯出版的一大批圖書久久不能銷出，大批大批的圖書積壓在倉庫裡，鐘斯心急如焚。後來，他想出了一個絕妙的銷書辦法。他首先想方設法的與總統周圍的人拉上了關係，有了面見總統的機會。第一次見面，他就把一本積壓最多的書送給了總統，然後就三番五次的委託總統身邊的人向總統徵求對這本書的意見。被政務壓得已不堪重負的總統根本就沒閒心看這本書，但礙於面子，就在這本書的扉頁上寫了「不錯」兩個字。

鐘斯得到這冊書後立即大做廣告，其中有一句是：「這是總統最喜歡的書！」於是這些書被搶購一空。

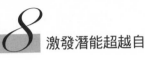

不久，總統又收到了鐘斯送來徵求意見的書，上次的事情總統也有耳聞，他自己也覺得是上當了，被鐘斯利用了自己的名望。這次他想戲弄鐘斯一下，就在書的扉頁上寫道：「糟透了！」

不料鐘斯拿到書後又在廣告上大做文章，其中有一句是：「這是總統最討厭的書！」這立即就吊起了生性好奇心就極強的美國人的胃口，書加印了幾次還供不應求，鐘斯也因此實實的賺了一筆大錢。

當鐘斯第三次將其他的書送給總統時，總統接受了前兩次的教訓，乾脆把書甩到一邊，不做任何答覆。但過了一段時間，鐘斯又做起了廣告：「這本書總統已經閱讀了兩個月，但沒有發表任何意見，這是總統最難下結論的書。」

於是，市場上又出現了搶購潮，連總統聽說此事也哭笑不得，無可奈何。

《伊索寓言》裡還有一個小故事：

在一個暴風雨的日子，有一個窮人到富人家討飯。

「滾！」僕人說，「不要來打攪我們。」

窮人說：「只要讓我進去，在你們的火爐上烤乾衣服就行了。」僕人以為這不需要花費什麼，就讓他進去了。

這個可憐人，這時請求廚師給他一個小鍋，以便他「煮點石頭湯喝」。「石頭湯？」廚師說，「我想看看你怎樣能用石頭做成湯。」她就答應了。窮人於是到路上撿了塊石頭洗淨後放在鍋裡煮。

「可是，你總得放點鹽吧。」廚師說，她給他一些鹽，後來又給了豌豆、薄荷、香菜。最後，又把能夠收拾到的碎肉末都放在湯裡。

當然，這個可憐人後來把石頭撈出來扔回路上，美美的喝了一鍋肉湯。試想，如果這個窮人對僕人說：「行行好吧！請給我一鍋肉湯。」會得到什麼結果呢？因此，只要利用你的聰明，發揮你的智慧，你就能成功。

一件事情的成敗，關鍵取決於你有沒有變換思考的能力。發揮自己的智慧，往往就能打開局面，取得成功。

讓異想天開變成事實

許多人通常都會有一些「異想天開」的想法，但是卻沒有多少人會將這些想法付諸行動，因為他們始終覺得，這也只是能想想而已，而要做到卻是不可能的。所以，許多「異想天開」的光輝，也就被人們自己埋沒了。

異想天開是一種思維奔馳的執著，是靈性無礙的釋放。它的全部過程是一種突破固定、超越當前藩籬限制的自覺。這種把出場和未出場事物綜合為一的思維活動，創造出了一個更加廣闊又極富挑戰性的思維空間。

「陛下，給我一條帆船出海一戰吧，讓我把英國佬打得靈魂出竅。」一九一六年，德國少校盧克納爾（Felix Graf von Luckner）對威廉二世如是說。

此話一出，所有人都很驚訝。

假如這是在中世紀，這樣敢於挑戰英國的軍官固然有些魯莽，但至少會獲得勇敢剛毅的美名。但時光已經到了二十世紀，這個時候，帆船早已成為一種古董，不可能作為戰船來使用。

盧克納爾從小富於反叛精神，膽大心細，善於獨出心裁，想別人不敢想，做別人不敢做的事情。

幸運的是威廉二世卻認真的聽取著這位少校的「瘋話」。

盧克納爾向威廉二世解釋道：「我們海軍的頭兒們認為我是在發瘋，既然我們自己人都認為這樣的計畫是天方夜譚，那麼，英國人一定想不到我們會這樣做的吧，那麼，我認為我可以成功地用古老的帆船給他們一個教訓。」

這段話充分表現了盧克納爾獨特的思維，如果他是一個受過正統軍事教育的軍官，他是很難想出這樣的主意的。威廉二世被說動了，他同意了盧克納爾的計畫，用一條帆船去襲擊英國人的海上航船。

盧克納爾經過千辛萬苦終於找到一條廢棄的舊船，取名「海鷹號」。在他親自設計監督下，這艘船開始古怪的改造工程。

十二月二十四日聖誕夜，「海鷹號」出擊了，順利突破英國海上封鎖線，抵達冰島水域，大西洋航線已經在望。

正在高興地時候，「海鷹號」和英國的「復仇號」狹路相逢。「海鷹號」的火力只有兩門一〇七毫米炮，而「復仇號」卻是一艘大型軍艦，硬拚顯然不是對手。盧克納爾靈機一動，主動迎上去讓他們檢查，英國的檢查員見是一條帆船，看也不看，放過了這艘暗藏殺機的帆船。

一月九日，到達英國海域後，在盧克納爾的指揮下，「海鷹號」突然發起進攻戰，全殲英國船隻，獲得了巨大的勝利。

盧克納爾這種看似不切實際的想法為他贏得了成功。正因為這種不切實際的做法讓敵人處於輕敵的狀態，「海鷹號」輕而易舉地攻入敵方的心臟，從而獲得戰爭的勝利，給國家帶來了榮譽。對盧克納爾而言，不切實際的想法實際就是一種可以打對方一個措手不及的勝招，是一種建立在充分了解對方基礎之上的一種「不切實際」，不是那種通常所說的「瞎想」、「胡想」。

盧克納爾的成功，在於想常人不敢想，從而開闢了一條通往成功的康莊大道。拉開歷史的帷幕就會發現，凡是世界上有重大建樹的人，在其攀登成功的高峰的征途中，都會靈活地進行思考，並能夠熟練應用，成就偉業。

想是自由的空間，無拘無束。敢異想天開的人，才可能具有開拓和創造精神，才能做出他人連想都不敢想的創舉。

第9篇
創造團隊共同願景

Instead of Changing Others, Change Yourself

不要對他人吹毛求疵

人生不可能事事都如意，也不可能事事都完美。追求完美固然是一種積極的人生態度，但如果過分追求，而又達不到，就必然會產生浮躁。過分追求完美往往不但得不償失，反而會變得毫無完美可言。

俗話說，水至清則無魚，人至察則無徒。合作也一樣，如果苛求每一個合作夥伴都完美無缺，那麼尋遍天下，也很難找到你要找的人，更別說組建一個團隊，整合一批人，去從事某一項工作了。

有一個圓，被人切掉了一小部分，它感到很自卑。它想要找回一個完整的自己，為此它到處去尋找屬於自己的那塊缺角。因為自己不是完整的圓，所以，在尋找的時候，它滾得很緩慢。一路上，它與鮮花為伍，與昆蟲們交談，但為了那片缺角，它無法享受生活的快樂。它也曾找到很多缺角，卻發現它們都不是從自己身上掉下來的那塊，但它並不氣餒，繼續尋找著……

終於有一天，它如願以償找到了那塊缺角，並且重新使自己成為了一個完整的圓。然而，這樣的它卻滾動得太快了，以致錯過了花開的季節，忽略了鳥蟲的呢喃，感受不到生活的樂趣。後來，它終於意識到了這一點，毅然丟掉了那塊歷經千辛萬苦才找到的缺角……

在我們的現實生活中，無數的人不止一次地犯著同樣的錯誤：過分地追求完美。他們不僅僅是對自己的各個方面要求做到完美，更多的是要求別人是完美之人，於是他們常常在生活中苦苦地尋找。正是由於陷入這種錯誤，讓很多人無法與別人進行通力合作，也無法形成一個團隊去成就某項事業。

有一個人非常幸運地獲得了一顆碩大而美麗的珍珠，而他並不感到滿足，因為在那顆珍珠上面有一個小小的斑點。他想若是能夠將這個小小的斑點剔除，那麼它肯定會成為世上最最珍貴的寶物。於是，他就下狠心削去了珍珠的表層，可是斑點還在；他又削去第二層，原以為這下可以把斑點去掉了，殊不知它仍然存在。他不斷地削掉了一層又一層，直到最後，那個斑點沒有了，而珍珠也不復存在了。那個人心痛不已，並由此一病不起。在臨終前，他無比懊悔的對家人說：「若當時我不去計較那一個斑點，現在我的手裡還會握著一顆美麗的珍珠啊。」

像這種過分苛求完美的人，其本身就算不上完美，因為他不知道，「金無足赤，人無完人」，過分地去苛求完美，到頭來就只能使自己什麼也難以得到，反而會變成一個離群索居的孤家寡人。更何況，人生宛若一支球隊，最優秀的球隊也會丟分，最差勁的球隊也有過輝煌的時刻。在一個團隊中，我們追求的目的，就是要盡可能讓自己與他人保持協調，求大同存小異，取長補短，實現優勢互補，才能產生一加一大於二的整體效果。

現實中，有許多人都過得不是很開心、很愜意，因為他們對環境總是存有這樣那樣的不滿，他們沒有看到自己幸福的一面。也許你會說：「我並非不滿，我只是指出還存在的問題而已。」其實，當你認定別人的過錯時，你的潛意識已經讓你感到不滿了，你的內心已不再平靜了，你甚至不能容忍他人的某些生活習慣。如此，你的心思完全專注於外物了，你失去了自我存在的精神生活，你不知不覺地迷失了生活應該堅持的方向，苛刻掩住了你寬厚仁愛的本性。

學會包容別人，容許個性差異的存在，在合作中才會避免排他性，做一個被社會接納的、擁有快樂、幸福的人。

人才就是財富寶藏

借力，不僅要「借用」他人的智慧和頭腦，更要學會對人力資源合理開發，做到可持續利用，而非竭澤而漁。

三國時的劉備，文才不如諸葛亮，武功不如關羽、張飛、趙雲，但他有一種別人不及的優點，那就是善於利用別人的智慧武裝自己的頭腦，善於團結那些有能耐的人為我所用。和劉備處於同一時期的曹操也曾言：「我任天下之智，以道禦之，無所不可。」可見，能夠發現自己和別人的才能，並能為我所用的人，就等於找到了成功的力量。聰明的人總是善於從別人身上吸取智慧的營養補充自己。因為，從別人那裡借用智慧，比從別人那裡獲得金錢更為有價值。

讀過《聖經》的人都知道，摩西（Moses）算是世界上最早的教導者之一。他懂得一個道理：一個人只要得到其他人的幫助，就可以做成更多的事情。當摩西帶領以色列子孫前往上帝許諾給他們的領地時，他的岳父傑塞羅發現摩西的工作實在過度，如果他一直這樣下去的話，人們很快就會吃苦頭了。於是傑塞羅想法幫助摩西解決了問題。他告訴摩西將這群人分成幾組，每組一千人，然後再將每組分成十個小組，每組一百人，再將一百人分成兩組，每組各五十人。最後，再將五十人分成五組，每組各十人。然後，傑塞羅又教導摩西，要他讓每一組選出一位首領，而且這位首領必須負責解決本組成員所遇到的任何問題。

摩西接受了建議，並吩咐那些負責一千人的首領，分別找到自己的夥伴。這樣，一層一層地進行了分解，使每一個組的人都有一個首領，每一個人的智慧都得到了利用，真正做到了人盡其才，才盡其用的目的。

美國是一個移民的國家，也是當今世界上經濟、科技最發達的國家。一部美國經濟的發展史，可以說就是一部利用別人的智慧為我所用的發展史。

在二十世紀前，美國科技人才數量少，科學研究基礎比德、英、法等國家落後。第一次世界大戰結束後，希特勒在德國執政，他實行排猶的法西斯政策，把一大批猶太人趕出德國。當時，美國敞開國門大力接收歐洲的猶太移民，吸收了包括著名物理學家愛因斯坦、核子物理學家費米（Enrico Fermi）在內的兩千多名猶太裔科學家，直接導致了「曼哈頓」工程的成功，搶先一步在納粹德國之前研製出了原子彈，為第二次世界大戰取得勝利贏得了軍事技術上的主動。

第二次世界大戰以後，美國的科學技術突飛猛進，成為全世界高新技術的「霸主」，這與美國利用外來人才、借用他人的智慧是分不開的。第二次世界大戰後美國取得的科技成果中，有80%是由引進的外國人才完成的。美國核武器的研製、「阿波羅登月計畫」的實施、電腦的誕生和應用，在很大程度上都是依靠移居美國的科學家們實現的。

加州大學公共政策研究院的教授沙克斯尼安在一篇最新研究報告中指出，二〇〇二年他對舊金山灣區十七家頂尖公司的兩千多名成員進行調查後發現，其中90%的人是在美國以外地區出生的。在這些非美國土生土長的科技人員中，43%來自台灣和中國。沙克斯尼安認為這些美國以外出生的專業人員是全球經濟轉型的原動力。

人才對於一個國家的發展無比重要，對於一個企業、一個社會更是如此。曾記得電影〈天下無賊〉裡面有一句搞笑的臺詞，是葛優說的，他說：二十一世紀，最需要的是什麼？是人才啊！可見，人才就是財富，人才就是寶藏。它是取之不盡，用之不完的源泉。

能夠發現自己和別人的才能，並能為我所用的人，就等於找到了成功的力量。聰明的人總是善於從別人身上吸取智慧的營養補充自己。因為，從別人那裡借用智慧，比從別人那裡獲得金錢更為有價值。

滴水也能匯聚浩瀚大海

浩瀚的大海是由千千萬萬滴水匯聚而成的，集體的智慧和力量也是由個人聚集而成的，只有每一個人都發揮才智，集體才會有無窮的智慧和力量。古人云，三人行，必有我師。藉助別人的智慧解決和處理問題，往往能夠收到事半功倍的效果。

一個閉門造車的人很難搞出什麼新創意，不利用前人智慧的人更不必奢談偉大的成就。創新需要我們最大程度吸收前人的成果，那些知識和成果是人類的共同財富，當然也可以為你所用。我們要善於站在前人的肩膀上，開拓全新的未來。

史泰博（Staples）是雜貨業的一位成功的管理人員，在經營以康乃狄克州為基地的連鎖事業時，他開設了為許多家庭提供大量貨品的大型超市，為顧客提供價格低廉的服務。

這些連鎖店經營得非常成功，使史泰博在雜貨這一行建立起相當好的聲譽。但是，他並不因此而感到滿足，他想到雜貨店的經營概念是否可應用到其他方面。

史泰博想要以現代化的經銷方法，在較大的市場上開一家大型辦公室用品供應店，並提供給顧客一些有價值的商品。他和凱恩（一位創辦大型連鎖店的先驅）成立了智囊團，並在不久之後成立了第一家大型辦公室用品供應店：Staples。

史泰博的想法立刻激發他的競爭者，並對這一行造成重大的變革。雖然市場上有強大的競爭，但是Staples的業績卻超過史泰博想像的程度，七年的營業額就超過了十億美元。

建超級市場的構想，並不是史泰博發明的，但是他卻能把超市的經營方式，應用到一個數十年來的普通市場，從而獲得了巨大成功。

一個人，不管能耐有多大，他的智慧和才能都是有限的。唯有借助他人的能力和智慧，取長補短，才能在全球化迅速發展的今天，有更光明的前途。

成功來自於大家的付出

樹只有成林，才能對抗風雨。團結合作是我們生存的關鍵，是我們成功的基礎。只有團結合作，集體奮鬥，我們才能凝聚每個人的力量，克服困難，獲得成功。

團結就是力量，合作才有出路。在當今勞動分工日益精密的情況下，靠個人的能力成功的機會更少了。合作已經成了人的一種能力，一個成功的基礎。

從前，有五個小手指，他們分別是大拇指、食指、中指、無名指和小拇指。他們都是好朋友，從來沒有吵過架，關係親如兄弟。

有一天，他們又在一塊兒聊天。不知道為什麼，他們為了「比誰的力氣大」這件事而發生了爭吵。

大拇指說：「我是老大，當然是我的力氣大啦！」

「不對，我這樣粗壯，我的力氣最大。」食指也毫不示弱。

「你們說的都不對，我的力氣最大。」中指也氣憤地說。

「不對，我的力氣最大。」

「不對，我的力氣最大。」

就這樣，他們五兄弟愈吵愈激烈，誰也不服誰。

「好了，都別吵了，既然大家都不服氣，那我們去找個人來評理吧。」大拇指說。

這時候，他們看到桌上有一個皮球，大拇指就對他說：「皮球，你來幫我們評評理吧，你說說，我們中間，誰的力氣最大？」

皮球說：「好吧，你們來比一比，看誰能把我舉起來，那麼誰的力氣就是最大的。」他們互相看了一眼，都說：「比就比。」

首先上場的是大拇指，只見他用盡了全身的力氣也不能把皮球舉起來，只好灰溜溜地下台了。別的手指都嘲笑他無能，他聽了更加無地自容了。接著，食指又大搖大擺地走到球前面，抖抖肩膀，一副十分自信的樣子，說：「看我的！」說著就去舉球，但還是失敗了。他只好愁眉苦臉地回到自己的座位上。再接著，中指、無名指和小拇指一個一個地輪流上去，都費了很大的力氣，還是沒有一個成功舉起來的。

皮球看著他們垂頭喪氣的樣子，笑著說：「既然你們誰都不能單獨將我舉起，為什麼不一起來試試呢？」五個指頭你看看我，我看看你，然後異口同聲地說：「好！一、二、三。」他們沒費多大力氣，皮球就被舉得高高的了。

只要齊心協力、互相團結，任何困難的事情在我們面前，都將是渺小的。

每個人都應該在團隊中成長，以開放的心態去接納和幫助我們每一個有共同追求和奮鬥目標的人，融小我於大我之中，從我做起，從點滴做起。

合作能彌補個人的不足

對於團隊而言，每一個角色都是非常重要的，無論能力強弱，也無論是領導者還是被領導者，在團隊中的地位是沒有高低之分的。個人的力量在團隊之中，只是部分的，唯有團隊的力量才是整體的。因為團隊的成功是集體的成功，而不是某個人的成功。

在團隊中，成員之間可以互相學習、互相彌補各自的不足。團隊工作可以加強人員的自省，令團隊成員充滿工作激情。不同背景的隊員走在一起，便可以產生不同的效果。一般而言，背景相似，從事相同的工作便有優勢。而在一些要求有創意的團隊，不同背景的隊員合作才能擦出火花。當然，在團隊合作的過程中，可能有紛爭，亦有一致；彼此關係有疏離，亦有緊密，但只要是朝著同一目標邁進的，就能促使團隊的成功。

微軟取得如此輝煌的業績，不僅緣自於比爾‧蓋茲超人的商業頭腦和運氣，更重要的是來自於微軟獨特的管理文化。在管理工作中，微軟將「釋放資訊」的工作方式發揮到極致：不論你是哪個部門或哪個專案小組，不論你是上級還是下級，都盡可能的將自己目前的工作狀況、專案思路、計畫實施、遇到問題等資訊公布出來。在「釋放資訊」這種形式的背後，微軟創造的是一種相互信任、相互協助、高效率的工作氛圍，培養了員工「個人成功服從公司成功」，任何人的工作都是為了公司發展的企業文化。它的目的就是互通有無、資訊共用、相互合作，它的最高境界就是一切為了公司的成功和發展。

大家都曾聽過龜兔賽跑的故事，也知道比賽最後的結局是烏龜得了冠軍。這個故事經過現代人的演繹後卻有了新的結局，那就是「新龜兔賽跑」。

話說在第一次比賽中，兔子因為過分驕傲，在路上睡了一個大懶覺後，竟被烏龜奪得了冠軍，為此倍感失望和懊惱。痛定思痛之後，牠分析了失敗原因，是因為太自信、太大意和散漫造成的。如果牠不自以為是，認為勝利是非自己莫屬的，烏龜是不可能打敗牠的。於是，牠決定和烏龜再來一場比賽，烏龜同意了。

這次，兔子吸取了上次的教訓，不敢懈怠和大意，它全力以赴，全神貫注地從頭到尾一口氣跑完，領先烏龜好幾公里，最後終於獲勝了！

這一次比賽結束後，烏龜進行了自我檢討。牠很清楚，照目前的方法比賽，牠不可能擊敗兔子。於是，決定再與兔子來一場比賽，只不過這次牠選擇了在另一條稍稍不同的線路上進行，兔子同意了。

比賽開始了，兔子為了確保自己立下的誓言——從頭到尾一直快速前進，不敢懈怠，飛馳而出，急速快跑，直到遇上一條寬闊、湍流不息的大河。這次比賽的終點就在這條河對面的幾公里處。兔子呆坐在那裡，一時不知該怎麼辦。此時，烏龜追趕上來，牠縱身躍入河裡，不一會兒工夫，便游到了河對岸，上岸後，繼續爬行，最終烏龜又獲勝了。

經過幾輪比賽，兔子和烏龜成了惺惺相惜的好朋友，他們一起分析、檢討、反思各自的問題。他倆都覺得，各自都有各自的長處，也都有各自的短處。為了能做得更好，牠們決定改變比賽的規則，由雙方之間的競爭變成了共同合作。因為它們都清楚，在陸地上賽跑，這是兔子的強項，而在水中賽跑，卻是烏龜的優勢。如果能透過優勢互補的合作，那麼，牠們肯定能在這條線路上跑出最佳的成績來。

於是，牠們一起出發了。在前段陸地上奔跑時，兔子扛著烏龜，一路飛奔而去。直到河邊，它們互換位置，烏龜匍匐在地上，等兔子安穩地趴在其背上後，便躍入了河中。不一會兒，它倆游到了河對岸，兔子再次扛起烏龜，一蹦一躍地快速到達了終點。與前次烏龜到達終點相比，這次抵達終點的時間明顯縮短了，速度也明顯快了許多。不僅如此，牠倆終於得到了這樣一個道理：要想在這條線路上跑出最好的成績來，只有經過優勢互補，只有經過通力合作，才能取得最好的成績。不管是烏龜與是兔子，如果僅憑一己之力，單打獨鬥，誰也無法跑出這樣的成績來。

一個人的力量和能力畢竟是有限的。每個人都有強項、弱項，優勢、劣勢，在某些時候，某些方面，某種情況下，你的能力可能高過他人，而在另一種情景下，你很可能技不如人，其他人則會比你做得更好。彌補個人的這種不足，便可提高團隊的戰鬥力。為了使整體水準提高、作戰力提升，就必須發揮團隊的力量和作用。

沒有一個人是萬能的。一個好的創業團隊，成員間的能力通常都能形成良好的互補，而這種能力互補，也會有助於強化團隊成員間彼此的合作。

有凝聚力才有競爭力

凝聚力是指團隊對成員的吸引力，成員對團隊的向心力，以及團隊成員之間的相互吸引。團隊的凝聚力不僅是維持團隊存在的必要條件，而且對團隊潛能的發揮有重要作用。一個團體如果失去了凝聚力，就不可能完成組織賦予的任務，本身也就失去了存在的條件。

有人問香港首富李嘉誠，在二十一世紀的企業經營中，最具競爭力的東西是什麼？李嘉誠毫不猶豫地說：凝聚力！為什麼說凝聚力是新時期最具競爭力的東西呢？因為，這個時代，是一個追求個人價值實現與團隊績效雙贏的時代。

如果沒有凝聚力，不但個人的價值無法在團隊中得到實現，整個企業也將難以為繼，並呈現出低效率的現象。幾乎每一個倒下去的企業最後的狀態無不是人心渙散，威信全無，不但產品銷售不出去，銀行的貸款也無法獲得。雖說這種可怕的現象並不是一朝一夕形成的，但凝聚力的缺乏卻是加速企業衰亡的主要原因。

相反，一個凝聚力高的團隊往往會呈現這樣的特徵：團隊成員歸屬感強，做事認真並不斷有創新行為，願意參加團隊活動並承擔團隊工作中的相關責任，維護團隊利益和榮譽；成員之間資訊溝通快，關係和諧，並具有極強的民主氣氛。

阿姆科公司是一家從事鋼鐵行業的企業，在鋼鐵業逐漸成為「夕陽工業」以後，它的日子開始很不好過。對此，該公司的老闆吉姆・威爾有過很深刻的體驗。他認為，要想扭轉這種局勢就必須增強員工間的凝聚力。

在這種情形下，威爾開始進行根本性的改革以挽救公司。他的一項最重要的措施就是：「非讓每個人都來參加改革不可」。這不是一句宣傳性的改革口號，而是威爾在整治企業的過程中切身體會到的最緊迫問題。有一次他把心理學家請進公司，派他們到業績最好的工廠去，請他們找出工廠裡實現成功的真正帶頭人，弄清成績應歸功於誰。結果令他驚奇的是，心理學家們回來竟說：「工廠裡沒有帶頭人。」

威爾不信：「什麼，在我們最賺錢的、為顧客服務最出色的工廠裡竟然沒有帶頭人？」

心理學家們說：「對。工廠裡有我們前所未見的最佳團隊。所有的人都在互相合作。每一個人都把功勞歸於別人。沒有整個團隊什麼也做不成。」

可見，一個業績最好的工廠，也是一個凝聚力最高的地方。在這種環境中，大家都懷抱著相互合作的意識和心態，認識到合作的價值和意義，也知道唯有合作才能實現共贏，不合作大家都將遭受損失。並且，每個成員都甘於為集體、為團隊的共同目標和遠景放棄自我，全身心地投入並奉獻自己的聰明才智。

在這個團隊中，沒有誰是做得最好的，也無須帶頭人，團隊的勝利就是他們大家的勝利，團隊的光榮就是他們大家的光榮。

其實，團隊的凝聚力所強調的並不是追求大同，抹殺差異，而是要有一個核心，並圍繞這個核心，發揮每一個部分、每一個個體的優勢，形成一個和諧統一的整體。

聯想集團（Lenovo Group Limited）的「項鏈理論」認為，對企業而言，每一個人才就像一顆顆晶瑩圓潤的珍珠，企業不但要把最大最好的珍珠買回來，而且要有自己的「一條線」，能夠把這一顆顆零散的珍珠串起來，共同串成一條精美的項鏈。如果沒有這條線，珍珠再大、再多還是一盤散沙，它們起的作用不過是以一當十的匹夫之勇。那麼，這條線是什麼呢？就是能把眾多珍珠凝聚在一起，步調一致，為了共同目標而奮發向上的團隊精神。

最好的團隊成員，最好的戰略目標，最好的發展空間，如果沒有凝聚力這種黏合劑，無法將這些優秀的人才組合在一起，更別說獲得共同的成功了。

改變別人不如掌控自己

作　　者　孫大為

發 行 人　林敬彬
主　　編　楊安瑜
編　　輯　蔡莉娟
內頁編排　于長煦
封面設計　林妍邑

出　　版　大都會文化事業有限公司　行政院新聞局北市業字第89號
發　　行　大都會文化事業有限公司
11051台北市信義區基隆路一段432號4樓之9
讀者服務專線：(02)27235216
讀者服務傳真：(02)27235220
電子郵件信箱：metro@ms21.hinet.net
網　　　址：www.metrobook.com.tw

郵政劃撥　14050529 大都會文化事業有限公司
出版日期　2011年10月初版一刷
定　　價　220元
ISBN　978-986-6152-26-9
書　　號　Growth-045

4F-9, Double Hero Bldg., 432, Keelung Rd., Sec. 1,
Taipei 11051, Taiwan
Tel:+886-2-2723-5216　Fax:+886-2-2723-5220
Web-site:www.metrobook.com.tw
E-mail:metro@ms21.hinet.net

大都會文化 METROPOLITAN CULTURE

國家圖書館出版品預行編目資料

改變別人不如掌控自己 / 孫大為著. -- 初版. --
臺北市：大都會文化, 2011. 10
　面；　公分. -- (Growth；045)

ISBN 978-986-6152-26-9 (平裝)

1.成功法　2.生活指導

177.2　　100018980

大都會文化 讀者服務卡

書名：**改變別人不如掌控自己**

謝謝您選擇了這本書！期待您的支持與建議，讓我們能有更多聯繫與互動的機會。

A. 您在何時購得本書：_____年_____月_____日

B. 您在何處購得本書：__________書店，位於__________(市、縣)

C. 您從哪裡得知本書的消息：

1.□書店 2.□報章雜誌 3.□電台活動 4.□網路資訊

5.□書籤宣傳品等 6.□親友介紹 7.□書評 8.□其他

D. 您購買本書的動機：（可複選）

1.□對主題或內容感興趣 2.□工作需要 3.□生活需要

4.□自我進修 5.□內容為流行熱門話題 6.□其他

E. 您最喜歡本書的：（可複選）

1.□內容題材 2.□字體大小 3.□翻譯文筆 4.□封面 5.□編排方式 6.□其他

F. 您認為本書的封面：1.□非常出色 2.□普通 3.□毫不起眼 4.□其他

G. 您認為本書的編排：1.□非常出色 2.□普通 3.□毫不起眼 4.□其他

H. 您通常以哪些方式購書：(可複選)

1.□逛書店 2.□書展 3.□劃撥郵購 4.□團體訂購 5.□網路購書 6.□其他

I. 您希望我們出版哪類書籍：（可複選）

1.□旅遊 2.□流行文化 3.□生活休閒 4.□美容保養 5.□散文小品

6.□科學新知 7.□藝術音樂 8.□致富理財 9.□工商企管 10.□科幻推理

11.□史哲類 12.□勵志傳記 13.□電影小說 14.□語言學習（____語）

15.□幽默諧趣 16.□其他

J. 您對本書(系)的建議：

____

K. 您對本出版社的建議：

____

讀者小檔案

姓名：__________ 性別：□男 □女 生日：____年____月____日

年齡：□20歲以下 □21～30歲 □31～40歲 □41～50歲 □51歲以上

職業：1.□學生 2.□軍公教 3.□大眾傳播 4.□服務業 5.□金融業 6.□製造業

7.□資訊業 8.□自由業 9.□家管 10.□退休 11.□其他

學歷：□國小或以下 □國中 □高中／高職 □大學／大專 □研究所以上

通訊地址：______________________________

電話：（H）__________（O）__________ 傳真：__________

行動電話：__________ E-Mail：__________

◎謝謝您購買本書，也歡迎您加入我們的會員，請上大都會文化網站 www.metrobook.com.tw 登錄您的資料。您將不定期收到最新圖書優惠資訊和電子報。

改變別人不如掌控自己

北區郵政管理局
登記證北台字第9125號
免貼郵票

大都會文化事業有限公司
讀者服務部 收
11051台北市基隆路一段432號4樓之9

寄回這張服務卡〔免貼郵票〕
您可以：
◎不定期收到最新出版訊息
◎參加各項回饋優惠活動

大都會文化
METROPOLITAN CULTURE

大都會文化
METROPOLITAN CULTURE

大都會文化
METROPOLITAN CULTURE

大都會文化
METROPOLITAN CULTURE